LA ANSIEDAD

EL MALESTAR INVISIBLE

LA ANSIEDAD

EL MALESTAR INVISIBLE

Ana Martos Rubio

Editorial  opular

© Editorial Popular, S.A., Madrid, 2024

C/ Leo, 7. local 2. 28007 - Madrid
Tel.: 91 409 35 73
E–Mail: popular@editorialpopular.com
www.editorialpopular.com

Diseño de colección: Francisco Pino

I.S.B.N.: 978-84-7884-977-2
Depósito Legal: M-5959-2024

Printed in Spain - Impreso en España

Índice

El malestar que no se mide

Ese intenso sufrimiento imposible de localizar, que amenaza con ahogarnos, que no sabemos de dónde ni por qué viene, que provoca un estado agónico que parece anunciar la muerte, es la ansiedad, una epidemia que nos invade para incrementar el malestar que la vida cotidiana nos procura con sus demandas, sus obligaciones y sus amenazas.

Es un malestar que no se mide, que no aparece en la analítica ni en las radiografías. Un malestar que, en su paroxismo, llega a anular el deseo de vivir. Un malestar que no sabemos explicar ni describir ni comprender porque no sabemos qué es ni por qué nos duele.

Pero es un malestar que podemos conocer, distinguir y controlar. Y de eso es de lo que vamos a tratar en este libro.

Capítulo I

El mundo de los instintos

La ley de la selva rige el mundo de los seres humanos desde el principio de los tiempos, igual que rige el mundo animal. Por eso, la naturaleza nos ha dotado de recursos que nos permitan mantener nuestra integridad y sobrevivir a los numerosos peligros que nos amenazan desde cualquier punto y en cualquier momento.

El ejemplo más actual y más sorprendente de la capacidad de la naturaleza para defenderse y defendernos es el aumento significativo de enzimas que se están generando en todo el mundo, especialmente en los mares, y que son capaces de devorar el plástico, ese contaminante que nos invade desde hace años. Los investigadores han podido comprobar que estas enzimas defensoras del medioambiente se reparten por todo el planeta, pero se acumulan en mayores cantidades en las zonas más contaminadas, como nuestro maltratado mar Mediterráneo.

Para su supervivencia, el ser humano cuenta con una dotación de impulsos instintivos que residen en las estructuras inferiores del cerebro formando el inconsciente, es decir, todo aquello que no aflora a nuestra conciencia debido a que no llega hasta la corteza cerebral donde reside el control lógico. Por ello, no podemos someterlo a la razón y, también por ello, nos acerca al comportamiento instintivo de los animales.

El coste de la razón

Hace, por lo menos, setenta mil años que la evolución engrandeció nuestro cerebro con la conciencia, ese reflejo de cuanto existe que nos diferencia de los animales, porque nos permite planificar el futuro, pensar antes de actuar y saber intelectualmente que vamos a morir. Gracias a ella, el ser humano llegó a tomar posesión de su porvenir y supo crear cultura y leyes sociales.

Pero la evolución no ha conseguido, al menos hasta ahora, apartar del ser humano la enorme carga irracional de su naturaleza primitiva. Todos nuestros esfuerzos por autodomesticarnos y someternos a las leyes sociales que nosotros mismos creamos van encaminados hacia el triunfo de la razón. Y la razón no ha triunfado todavía, porque aún le queda mucho que pelear para vencer en esa lucha sin cuartel que mantenemos contra nuestros impulsos instintivos.

Aquí está el inmenso error de nuestra cultura. No se trata de subordinar los instintos a la razón, se trata de encauzarlos de manera que su resultado sea positivo, apto para la convivencia y apto para el desarrollo emocional.

Los instintos básicos han sido largamente denostados, tachados de impulsos bajos e identificados con la tentación diabólica, mientras que la represión de esos impulsos se ha colocado en la esfera de las tendencias superiores. La literatura ha llenado y sigue llenando folios y más folios de relatos terroríficos en que los instintos básicos desempeñan el papel del malo, porque el misticismo los demonizó hace muchos siglos al mismo tiempo que glorificó su represión.

Y no es así. Los instintos básicos son positivos y necesarios, porque la naturaleza los ha puesto ahí para que el organismo preserve su integridad y mantenga la continuidad de la especie. No hay que eliminarlos ni tampoco es posible hacerlo. La razón no consigue mantener a raya nuestros instintos, pues solamente es capaz de comprimirlos para que no afloren, hasta que la compresión alcanza el grado necesario y, entonces, los instintos reprimidos explotan o empiezan a liberarse escapando por entre las junturas del corsé que el intelecto ha creado para ellos. Y se vengan del mismo organismo que los reprimió dañando sus estructuras más débiles.

Los instintos básicos empiezan a ser nocivos cuando se obstaculizan. La expresión natural de los impulsos funciona en la naturaleza sin dañar más de lo necesario ni destruir más de lo imprescindible. Salvo excepciones, ningún animal ataca a otra especie, a menos que le sirva de alimento o represente una amenaza y, por supuesto, ninguno pone en peligro de extinción las especies de las que se alimenta.

Los animales agreden a los de su misma especie porque resultan una amenaza, ya que se alimentan de lo mismo, gozan de las mismas hembras y se asientan en habitáculos similares. Entonces, la agresividad cumple su papel defensivo y la utilizan para pelear por la comida, por la hembra o por el territorio. Luchar por alcanzar la jefatura del grupo tiene gran importancia, porque el jefe es el que conduce a la manada y el que disfruta de las hembras jóvenes.

Pero nosotros, los humanos, nos hemos empeñado en reducir nuestros instintos básicos por la fuerza de la razón y la razón puede bien poco cuando tiene que luchar contra la naturaleza.

Ahí están los resultados. Agresiones sexuales por parte de quien había decidido libremente reprimir su sexualidad para ofrecerla a un dios que seguramente nunca admitiría semejante actitud antinatural. Destrucción del medioambiente por parte de quienes pretenden neutralizar la agresividad mediante una educación restrictiva. Violencia física o psicológica por parte de quienes se encuentran en una posición idónea para proteger lo que se supone que aman o a los que se supone que deberían proteger.

Adaptarse o desaparecer

Durante la evolución, las especies que no han sabido o que no han podido adaptarse al medio circundante han terminado por extinguirse más pronto o más tarde y han desaparecido del planeta.

Hay que adaptarse para sobrevivir. La ley de la selva es la ley del más fuerte, pero el más fuerte no siempre es el que está dotado de mayor potencia, porque existen recursos capaces de triunfar sobre la fuerza física. La inteligencia, la astucia, la audacia y la capacidad de aliarse son algunos de ellos. La naturaleza, que es sabia, ha dotado a los organismos carentes de fuerza de esos otros recursos que la suplen. También es cierto que los organismos que carecen de fuerza no han tenido más remedio que desarrollar esos otros recursos para sobrevivir.

Un recurso imprescindible para adecuarse al medio es la flexibilidad. El entorno no es estático, sino dinámico. Se mueve, se modifica, pasa de húmedo a seco, cuando no a yermo; pasa de templado a frío, cuando no a gélido, y eso modifica su oferta de agua, de alimentos, de hábitat, de amenazas y de recursos en general. Y es necesario desarrollar una gran dosis de flexibilidad para adecuar el propio medio de vida a ese entorno tan inestable.

Además, adaptarse no significa que un individuo o un grupo de individuos sean capaces de sobrevivir a ese entorno cambiante de la ley de la selva, sino que lo hagan de manera que su especie se llegue a perpetuar de forma adecuada al medio. En este mundo selvático, uno es uno y su especie, y tiene la responsabilidad de sobrevivir y de perpetuarla.

Esa es la ley de la selva. Sobrevivir como sea, vencer los obstáculos para adecuarse al entorno y mantener la vida propia y la continuidad de la especie. En la lucha por la supervivencia, cada organismo desarrolla capacidades que le permitan adaptarse y que nada tienen que ver con la fuerza. Los métodos de adaptación incluyen la eliminación de lastres inútiles para la supervivencia. Así, los humanos hemos ido eliminando el vello corporal y puede que lleguemos a perder las uñas, que de poco nos van a servir en nuestra adaptación al entorno que viene.

A cambio, hemos desarrollado el pensamiento abstracto, el lenguaje complejo y la capacidad para realizar movimientos precisos y afinados, que nos permiten la prensión perfecta de instrumentos muy complicados. La primera capacidad motriz precisa que adquirimos, hacia los diez meses de vida, es la pinza digital, la pinza que el niño forma uniendo los dedos índice y pulgar. Esa afinación prensora es exclusivamente humana. ¿De qué serviría la fuerza para manejar un bisturí o un teléfono móvil?

La venganza de los instintos

Estamos viendo que todo organismo vivo llega al mundo con un bagaje que le permitirá adaptarse, no solamente para sobrevivir al medio, sino también para preservar la continuidad de su especie. Es la única forma de que la vida continúe sobre la Tierra, por lo que la naturaleza ha insertado esos resortes en nuestro cerebro a profundad y de forma indeleble.

Por encima de todo cuanto heredamos genéticamente de nuestros ancestros y por encima de todo nuestro aprendizaje, tenemos dos instintos básicos inalienables: la agresividad, cuya función es salvaguardar la integridad del organismo, aunque sea a costa de la vida o de la integridad de otros, y la sexualidad, cuya función es salvaguardar la continuidad de la especie.

Su importancia es tal que, sin ellos, cualquier organismo puede desaparecer o, bien, su especie se puede extinguir.

Estos dos instintos son indestructibles porque, por mucho que nos empeñemos en domeñarlos, en ocultarlos o incluso en extirparlos, siempre reaparecen y siempre se hacen presentes pese a todas nuestras precauciones. Lo único que podemos hacer frente a la pujanza de estos dos instintos básicos es controlar la conducta que suscitan y, casi siempre, a costa de nuestra salud mental o física. Porque nuestro cerebro no ha evolucionado para convertirnos en seres racionales capaces de controlar las emociones, sino para regular nuestro cuerpo y permitirle actuar en su medio de la manera más eficaz posible.

La agresividad y la sexualidad hunden sus raíces en la profundidad de nuestra mente, que sabe preparar la respuesta adecuada a cada situación. Si hay peligro, afila sus armas y dispone el organismo a la defensa. Si capta la presencia de una persona apta para prolongar la especie, ordena a las glándulas correspondientes emitir las hormonas adecuadas y dispone el organismo al apareamiento.

Para defendernos, nuestro cerebro cuenta con estructuras antiquísimas, heredadas de generación en generación desde que ni siquiera éramos humanoides, sino reptiles mamíferos. La evolución nos hizo convertirnos en lo que somos, en personas, pero aquellas estructuras que un día muy lejano salvaguardaron la integridad de nuestros ancestros, continúan residiendo en las profundidades de nuestro cerebro y siguen siendo las responsables de las respuestas que nuestro organismo prepara para defendernos.

Naturalmente, el cerebro de un reptil mamífero no es capaz de calibrar la respuesta que debe dar a un ataque, porque, para él, cualquier posible atacante, por pequeño e inofensivo que sea, merece la muerte. La ley de la selva no entiende de medias tintas y la evolución es un proceso que nunca se ha ocupado de la comprensión ni de la compasión, sino únicamente de la supervivencia y de la adaptación.

Esa estructura residual que nos queda en el cerebro, heredada de tiempos más salvajes, tampoco calibra si quien nos ataca pone en peligro nuestra vida o si solamente se trata de una amenaza o de un aviso. Y eso le basta a nuestro cerebro reptiliano para dar la orden defensiva y, a su mando, el organismo pone en funcionamiento procesos que nos permitan vencer en la batalla, previendo mayores aportes de sangre a los músculos que han de atenazar la garganta del enemigo o cerrando vasos sanguíneos que impidan una hemorragia en caso de sufrir heridas en el combate.

Pero como hemos aprendido a controlar nuestras reacciones porque somos seres civilizados y sabemos que hay que contar hasta cien o incluso hasta mil antes de atacar, detenemos la respuesta y todo se queda en nuestro interior. No hay respuesta, no hay ataque, no hay batalla. Y ¿qué hace nuestro organismo con todo el armamento que ha preparado? Se lo guarda y lo elimina como puede.

Al cabo de unas cuantas sesiones similares a la anterior, las sustancias químicas que deberían de haber dejado K.O. a nuestro enemigo pero que se han quedado en nuestro interior por educación, temor o civismo, empiezan a dañar los órganos más débiles de nuestro cuerpo o de nuestra mente.

Empiezan los dolores de estómago, las contracturas musculares, los gases, el insomnio y otros malestares cuyo diagnóstico suele ser, una vez descartado el origen fisiológico, ansiedad o estrés.

Los instintos reprimidos se vengan. La agresividad reprimida se convierte en dolencia física o en malestar psicológico. Otro tanto sabemos que sucede con la sexualidad.

Porque a la naturaleza no le importan nuestras creencias ni nuestras convicciones por muy arraigadas que las tengamos, porque mucho más arraigado está el instinto sexual y la naturaleza no respeta nuestra voluntad, sino que dispara todo un arsenal de hormonas cuando entiende que ha llegado el momento de la reproducción. Para la evolución y para la naturaleza, solamente somos organismos destinados a mantenernos en el medio circundante y a prolongar nuestra especie. Lo demás no les concierne.

El impulso agresivo sólo se vuelve destructivo cuando se bloquea o se frustra. Es fácil hacer la prueba. Si un perro urbano va suelto y se encuentra con otro perro asimismo suelto, ambos se huelen, se recelan y, si uno de ellos es más agresivo, puede erizar el pelo y mostrar los dientes al otro. Si el otro es más tímido, se tumba en el suelo y ofrece la garganta en señal de sumisión. Normalmente, el asunto no pasa de ahí. Cada uno interpreta su papel y cumple la regla del código ético. Para comprobar cómo ese impulso agresivo socializado se vuelve destructivo, no hay más que sujetar a uno de los perros. Basta ponerle una cadena o asirle del collar para que se enfurezca hasta el punto de parecer que va a devorar a su oponente.

Lo mismo sucede con el ser humano. La cultura (palabra que procede de "cultivo" porque la cultura se inició con el cultivo de la tierra) nos enseña a reprimir los instintos, precisamente los más pujantes, que son básicos y proceden de la biología. Reprimir los impulsos instintivos le sirve al ser humano para vivir en sociedad, para adaptarse a las normas sociales y para adecuarse al grupo. Pero, muchas veces, también convierte esos impulsos en destructivos, porque no todos los individuos son capaces de aprender a manejarlos y controlarlos, como hemos visto en el caso de los dos perros urbanos.

Ya sabemos que los impulsos instintivos (los instintos básicos, que es lo mismo) no se pueden suprimir. Se pueden controlar, reprimir, desviar o convertir en otra acción aparentemente distinta, pero que viene a significar lo mismo. El impulso agresivo, por ejemplo, se puede transformar en pasión por el deporte, por la caza o por la guerra, desviándolo hacia objetos socialmente admitidos por el grupo humano, como el toreo, el boxeo o la venta agresiva. El impulso sexual se puede transformar en amor diferente del simple apego.

La lucha encarnizada que a veces mantenemos contra nuestros instintos básicos es causa de sentimientos dolorosos de culpa y desasosiego, porque las leyes sociales nos empujan a pelear contra nuestra propia naturaleza y, si no contamos con los recursos necesarios, podemos caer en el abismo de las dolencias invisibles al escáner, a la resonancia, a la ecografía y a la analítica, el abismo de la ansiedad y de su temible acompañamiento.

CAPÍTULO II

La ansiedad y su cortejo

La ansiedad no es una enfermedad, sino un síntoma, un síntoma que, como la tos o la fiebre, son señales que nos envía el organismo para advertirnos de que algo no funciona correctamente en nuestro interior o de que se ha producido algún daño.

La ansiedad es un síntoma que, como la tos, puede avisar de numerosos males. La tos puede advertir de un catarro, de una alergia, de una tuberculosis, de un cáncer o de una simple sequedad. Hay una tos positiva que sirve para expulsar un cuerpo extraño de las vías respiratorias y una tos negativa que es síntoma de patologías más o menos graves.

El gen de la ansiedad

Según un trabajo publicado en la revista científica *Proceedings of the National Academy of Sciences*, nuestro organismo segrega una hormona que nos protege de la ansiedad[1]. Los investigadores del Consejo Superior de Investi-

---

1   López, Ángeles, "Un gen que protege de la ansiedad y el estrés", en IntraMed, 19 de agosto, 2008.

gaciones Científicas (CSIC) en el Instituto Cajal aplicaron técnicas de ingeniería genética para demostrar la relación entre una hormona que genera nuestro cuerpo y el control de la ansiedad y el estrés.

Estos investigadores trabajaron con ratones y pudieron comprobar que la carencia de esa hormona, la adrenomedulina, generaba en los animales conductas similares a las que produce la ansiedad, como la hiperactividad o el síndrome obsesivo compulsivo. Sus investigaciones demostraron que los animales privados del gen responsable de la producción de esa hormona sufrían altas dosis de ansiedad, mientras que los demás mostraban tolerancia a situaciones de estrés.

Eso significa que la citada hormona protege al cerebro de la ansiedad y del estrés y, puesto que el cerebro humano también la produce, su existencia supone una capacidad innata para tolerar situaciones generadoras de ansiedad sin sufrir síntomas graves.

De momento, este hallazgo no es una solución para la ansiedad, pero es un paso adelante en el conocimiento de nuestras defensas innatas. Y, además, nos puede dar una idea de las diferencias apreciables en la respuesta de las personas ante una misma situación que, para algunas, genera ansiedad y desbordamiento de malestar y, para otras, se queda en un simple susto. Nos puede hacer entender la diferencia entre la preocupación normal y la preocupación excesiva.

Ansiedad positiva

La ansiedad es un síntoma que alerta de que nuestro organismo está intentando adaptarse a una situación difícil. Pero esa situación difícil no tiene por qué ser perjudicial, sino que puede ser incluso beneficiosa y, sin embargo, el proceso de adaptación a ese beneficio genera ansiedad. Ansiedad que puede revitalizar o que puede acarrear la muerte.

Por tanto, sucede lo mismo que con el colesterol, que puede ser bueno o malo. La ansiedad es positiva y vital cuando actúa como una motivación para obtener un logro, un objetivo, por ejemplo, aprobar un examen, conseguir un puesto de trabajo, alcanzar una meta deportiva o lograr el amor de una persona.

En los años sesenta del siglo pasado, se hizo muy popular una canción con la que Nat King Cole nos regalaba el oído y cuya letra decía así:

Ansiedad de tenerte en mis brazos, musitando palabras de amor;
ansiedad de tener tus encantos y en la boca volverte a besar.

Esa es la ansiedad positiva que nos mueve a actuar para conseguir una finalidad deseable y beneficiosa. El hecho de desear algo que no es fácil de obtener genera ansiedad, pero esa ansiedad es un motor de activación para lograr el objeto deseado y, por tanto, es una ansiedad positiva, motivante y dinamizadora.

La letra de esa canción recuerda que la pasión decrece con la certidumbre. Una vez conseguido el objeto amoroso, el amor puede mantenerse durante años o toda la vida, pero la pasión es otra cosa. La pasión precisa conquista, incertidumbre y, generalmente, una vez que el objeto amoroso está seguro, la conquista se relaja y la pasión cede el paso a la calma para limitarse a ciertos momentos de pujanza. Pero deja de ser un continuo.

La ansiedad vuelve a poner en marcha el motor de la motivación si el objeto amado se aleja y surge el temor a perderlo. Entonces se renueva la pasión y la necesidad de mantener el amor vivo.

Pero no siempre la ansiedad genera ímpetu, lucha y ansia de conquista; a veces, la ansiedad se asocia con la angustia y genera un estado depresivo que anula la motivación. La ansiedad motivante y vigorizante se puede convertir en desolación, en desesperanza y en desamparo. Y eso ya es ansiedad negativa.

La ansiedad es positiva cuando nos empuja

a luchar por conseguir algo que deseamos y que no es fácil de lograr porque, en tal caso, se convierte en motivación. Es la ansiedad que se genera en la persona que se apresta a iniciar una competición deportiva, una carrera por ejemplo. Incluso sin que medie competición alguna, muchas personas experimentan ansiedad ante la idea de iniciar una carrera, una ansiedad a la que popularmente se le llama "subidón".

Pero los seres humanos nos comportamos conforme a los motivos internos que surgen en nuestro interior y que nada tienen que ver con los que surgen en otra persona ante el mismo estímulo. Para unos, la pérdida del objeto amado o deseado genera una ansiedad positiva que empuja a la conquista. Para otros, la ansiedad que se genera es negativa y empuja al abandono, a la desesperanza y a la depresión.

Lo que nos mueve

Los motivos son las fuerzas que impelen al organismo a ejecutar una acción encaminada a lograr un fin. Por ejemplo, el motivo innato de la curiosidad satisface la necesidad de investigación que todos tenemos. A los animales, la investigación del ambiente les sirve para prever posibles amenazas o posibles lugares en los que encontrar alimento. En el ser humano, la curiosidad ha servido para avanzar y progresar en todos los campos.

Existe motivación interna y externa. La motivación interna surge de nuestras propias necesidades, como el estudiante que trata de ser el mejor, mientras que la motivación externa surge de premios que proceden del exterior; por ejemplo, un estudiante puede tratar de obtener mejores notas porque sus padres le han prometido un viaje interesante.

La motivación interna es la que realmente nos empuja hacia algo, porque podemos prescindir de la recompensa que procede del exterior, pero no podemos prescindir de la meta que nosotros mismos nos hemos fijado porque, entonces, caeremos de cabeza en el abismo de la frustración.

Por tanto, la necesidad psicológica que nos lleva a conseguir una meta de trabajo, de estudio, de afecto, de la índole que sea, tiene un importante cometido en nuestra autoestima y, si nos resulta difícil conseguirla, la ansiedad nos motiva a correr hacia esa meta. Si la conseguimos, nuestra autoestima crece y se fortalece. Si no la conseguimos, la ansiedad positiva que nos empujó hacia ella, se convierte en ansiedad negativa, en malestar, en angustia o en depresión.

Ansiedad negativa

La ansiedad puede ser un temor que se presenta ante una situación conflictiva, en la que anticipamos y amplificamos el peligro. La ansiedad flotante es una angustia cuyo origen se desconoce, pero que está ahí, en forma de síntomas físicos, como dificultad respiratoria, dolor de estómago, mareos, temblores, taquicardia o sudor. Un malestar que puede llegar a ser incapacitante e incluso demoler el deseo de vivir.

La ansiedad no viene sola. Va y viene en compañía de un amplio cortejo de malestares que conocemos como miedo, pánico, fobia, duelo, depresión, etc. Con todos se relaciona, de todos participa y con todos comparte sufrimiento, sintomatología y dolor.

Por tanto, lo primero que nos interesa es detectar cuál de tantos males es el que nos afecta, porque un enemigo desconocido e invisible es imposible de enfrentar y mucho menos de vencer. Veamos, pues, las características de cada uno de ellos.

Culpa

El *Génesis* es uno de los libros que mejor han explicado el sentimiento de culpa para el mundo antiguo, que imputaba a la divinidad lo poco o mucho que se sabía de estas cosas.

La historia que narra el *Génesis* empieza relatando la felicidad beatífica que disfrutaban Adán y Eva en aquel lugar paradisíaco en el que solamente había que alargar la mano para alimentarse, y la temperatura estable no hacía necesario preocuparse del vestido.

Fue una situación que vivieron nuestros ancestros cuando trepaban a los árboles con pies y manos para saborear frutos, bayas y hojas tiernas, sin más preocupación que compartir con los simios el alimento y el abrigo que brindaba la selva.

El *Génesis*, como la mayoría de los libros sagrados de casi todas las religiones, incluye una excepción, una única salvedad a ese continuo de bienestar, que es la prohibición, el fruto de una única planta en toda aquella inmensidad. Y, como la dualidad es imperativa en toda cultura o religión, el principio del mal acudió rápido a destruir el efecto beatífico que el principio del bien estaba proporcionando a aquellos dos seres. Y, para ello, recurrió a la tentación.

La serpiente tentadora no les prometió riquezas, amor, ni felicidad, sino lo único de lo que no disfrutaban: sabiduría. Saber distinguir el bien del mal. Comer el fruto prohibido los convertiría en seres sapientes y no en los seres ignorantes e ingenuos que eran, tan sólo preocupados por comer, procrear y descansar a resguardo. Su oferta resultó imposible de rechazar:

Seréis como dioses

Cayeron en la tentación, como era de esperar y entonces recibieron el castigo a su pecado. La conciencia. Sus cerebros adquirieron una nueva estructura que tenía el poder de reflejar cuanto acontecía en la existencia. Un nuevo recurso que les permitiría elegir entre el bien y el mal, sopesando previamente los pros y los contras. Les permitiría construir en su mente las cosas antes de construirlas con las manos. Les permitiría prever el futuro y prepararse para él. Incluso, les permitiría adueñarse de su destino. Y, además, contarían con un poder inmenso, el raciocinio, la capacidad de pensar, de anticipar, de analizar y, con él, el control lógico, el dispositivo que permite fiscalizar la conducta y domeñar las emociones.

Ya eran como dioses. Ya podían distinguirse de los animales y no funcionar a base de pautas instintivas, sino aprender e imaginar de forma ilimitada.

Lo que no les advirtió la serpiente tentadora fue que con la conciencia nacería en ellos un sentimiento desconocido hasta entonces, un sentimiento que surgiría de su interior, desde las profundidades de sus mentes inocentes e ingenuas hasta entonces, pero ahora conscientes y sabias. La culpa, el remordimiento, el malestar que roe en el insomnio y que tortura en la vigilia.

Se vieron desnudos y sintieron vergüenza

Mientras que fueron animales, no supieron que estaban desnudos y, por tanto, no se avergonzaron de ello. Pero la conciencia los convirtió en *homo sapiens* e incluso en *homo sapiens sapiens* y les hizo mirarse y mirar a su alrededor con malestar, con vergüenza, con temor.

Expulsados para siempre del paraíso, supieron lo que era el frío, el dolor del parto, la preocupación por el futuro, el remordimiento, el sufrimiento ante la pérdida de un de un objeto, tan amado y disfrutado como fue el paraíso. Y supieron lo que es la culpabilidad por la pérdida del objeto, la ansiedad, la angustia flotante, el miedo mágico, la preocupación y la depresión.

Porque, con la conciencia fisiológica, la que se aloja en el cerebro y es innata, nació la conciencia moral, la conciencia psicológica que se aprende con las prohibiciones, los premios y los castigos y que se asienta sobre el sentimiento de culpa.

La culpa es la mayor fábrica de ansiedad de la que dispone el ser humano, porque él mismo la crea, él mismo se la imputa, él mismo la acrecienta y él mismo la gestiona.

La culpa nos lleva a acatar los mandatos de la autoridad, porque, de no hacerlo, merecemos un castigo ejemplar que puede empezar por perder el afecto de los otros. El castigo mayor es la ansiedad que nos envenena y nos destruye por dentro.

La culpa es tan subjetiva que se basa en cualquier cosa que hayamos hecho en el pasado o que ni siquiera hayamos llegado a hacer. O se basa en cualquier cosa que estemos haciendo en el presente o que ni siquiera lleguemos a hacer. También se puede basar en cualquier cosa que vayamos a hacer en el futuro o que ni siquiera vayamos a hacer. Basta con el pensamiento propio o con un reproche ajeno. O se nos ha ocurrido a nosotros o se le ha ocurrido a otra persona que se atreve a juzgarnos *a priori* y a reprocharnos lo que hubiéramos podido llegar a hacer.

Mariola Bonillo, que es psicóloga sanitaria, señala que, a partir de cualquiera de esas acciones o no acciones, nosotros mismos llevamos a cabo un juicio moral de nuestra conducta y nosotros mismos nos erigimos en jueces para dictaminar que somos culpables y que, por tanto, merecemos un castigo.

La conciencia innata nos hace ver lo sucedido y lo no sucedido y nos presenta deseos, pensamientos, acciones imaginadas o previstas. A continuación, la conciencia moral, aprendida en la educación, se encarga de enjuiciar y dictar sentencia.

La educación nos aporta el aprendizaje de las normas sociales, las que debemos acatar para que el grupo humano nos acepte y nos ofrezca su protección y su acogida. Esas normas sociales pueden ser rígidas o flexibles, según la persona o el grupo que se encargue de enseñárnoslas. El aprendizaje de tales normas es lo que forma nuestra conciencia moral, la que luego juzgará nuestras acciones.

Aquí interviene no solamente la rigidez y exigencia de nuestros maestros, padres y educadores sino, también, nuestra propia capacidad para filtrar ese aprendizaje, es decir, nuestra propia rigidez y autoexigencia. La rigidez y la autoexigencia no son innatas, sino que se van formando en nuestra mente con la experiencia, con el aprendizaje, con la imitación y con nuestras propias fuerzas y recursos para filtrar esa rigidez, que son los filtros de nuestra autoconfianza, nuestra autoestima y nuestra asertividad.

Todo es subjetivo, por tanto. Cuanto más rígidas y exigentes sean las normas sociales aprendidas y más baja sea la autoestima y la asertividad de quien recibe ese aprendizaje, más cerca estará del sentimiento de culpa exagerado, de la angustia, de la depresión y de ese camino cenagoso que conduce a la autodestrucción y al suicidio.

La ansiedad en la culpa

La culpa es la herencia de la civilización, que se transmite de generación en generación a través del aprendizaje. Se aprende de la educación y de la adaptación al medio, porque, si no hay educación ni adaptación, el medio nos rechaza y nos convertimos en individuos asociales. Y, si la educación no consigue insertar en nuestro cerebro el sentimiento de culpa, nos convertimos en sociópatas.

La culpa tiene un valor positivo a la hora de reinsertar en la sociedad a los transgresores de las normas sociales. Si no hay sentimiento de culpa, no hay remordimiento, no hay aceptación del castigo y no hay recuperación para la vida social. Si no hay sentimiento de culpa, los valores sociales como la moral, la compasión, la empatía, la solidaridad o el apego no arraigan en la mente del individuo y sus transgresiones no le provocan emociones que le llamen al arrepentimiento.

En estos casos, la culpa es una conducta de ajuste que conduce al individuo a adaptarse a la sociedad en que vive, aceptando y cumpliendo las normas impuestas.

Pero la culpa tiene también su lado oscuro y ese lado oscuro lo aporta la ansiedad, porque es una creación de la mente y no una situación real de tropiezo con la norma social. Y ya no se trata de una conducta de ajuste, adaptativa, sino todo lo contrario. Es una conducta desadaptativa, fruto de la baja autoestima, de la autocensura desmesurada, de la tendencia abrumadora al perfeccionismo, de la inseguridad, de la falta de asertividad. Y es causa de trastornos emocionales tan graves como la depresión e incluso de las tendencias suicidas.

Cuando la culpa es desmedida y no obedece a razones ciertas o acordes con el remordimiento, la ansiedad ocupa el lugar de esos valores sociales para convertir la emoción positiva, que llama al arrepentimiento y a reconocer los propios errores, en emoción negativa que conduce al autocastigo y al suicidio.

La culpa es eso que la religión llama pecado original, hereditario y transmitido desde que somos humanos y sabemos transgredir la norma social. Para la mayoría de las religiones, la culpa es el pecado que costó a nuestros ancestros la pérdida del paraíso, el castigo merecido que se extiende a toda la especie.

Para el común de la gente, la culpa es esa emoción insoportable de haber hecho el mal, de no merecer el amor propio ni ajeno y la necesidad acuciante de reparar de alguna manera el daño, aunque ese daño solamente haya ocurrido en la imaginación del culpable. No hace falta dañar a otros para sentir la culpa, basta con desearlo. Porque ahí está esa conciencia moral aprendida y heredada que nos recrimina sin cesar y sin ceder un ápice a nuestros argumentos lógicos.

Y ahí está también el sufrimiento del otro, del que somos inocentes por no haberlo siquiera deseado, para acusarnos no de haberle hecho daño sino de no haber estado a su lado para salvarle del dolor. Sumemos a este sentimiento totalmente subjetivo y absurdo la temible aportación de la ansiedad, para convertirlo en un instrumento de tortura que nos roe de día y de noche y que ni calla ni entiende de razones, porque la ansiedad lo convierte en obsesión, en castigo constante y continuo, como única forma de purgar el crimen que no hemos cometido. Porque es un juez implacable que no escucha a la defensa.

Recomendaciones

La psicóloga sanitaria Mariola Bonillo ofrece una serie de recomendaciones para abordar los sentimientos de culpa[2]:

- Lo primero que hay que hacer es identificar la conducta que da lugar a ese sentimiento de culpa. Qué es lo que nos hace sentir esa culpabilidad. Qué hemos hecho, qué hemos pensado, qué hemos deseado para que nos sintamos culpables.
- Una vez identificada esa conducta, es preciso aceptar que los errores forman parte de cada persona, que no son un

---

2   Bonillo, Mariola, "El sentimiento de culpa: El castigo que no merecemos", en www.areahumana.es/sentimiento-de-culpa.

signo de torpeza o fracaso, sino que son necesarios para aprender y para crecer.

- Hay que considerar que la perfección no existe y que no es posible cumplir las normas a la perfección, especialmente si tenemos tendencia a exigir de nosotros mismos más de lo que realmente podemos dar.

- Una terapia excelente es verbalizar en voz alta el sentimiento de culpa, lo que nos hace sentir culpables, el error cometido y el remordimiento que conlleva, así como la decisión de remediarlo.

- Es importante pedir perdón a la persona o personas a las que hayamos causado perjuicio, aunque no haya sido intencionado. Una explicación adecuada junto con el propósito de enmienda puede ser un remedio para la culpa. Si la persona a la que hemos hecho o deseado daño ha dejado de existir, por muerte o por alejamiento, hay que solicitar su perdón y explicarle la situación que nos llevó a aquella conducta. No importa que no esté. En realidad, la culpa está en nosotros y somos nosotros quienes debemos perdonarnos.

- Si ha habido daño, es preciso repararlo. Es importante que la persona perjudicada sepa no solamente que deseamos reparar el perjuicio del que la hicimos víctima, sino que nunca más vamos a cometer una acción semejante. Y esto sigue siendo válido para la persona que ya no existe o aquella con la que ya no es posible comunicar.

- Es importante responsabilizarse y reemplazar la culpa por la responsabilidad.

La culpa es una emoción que nos invade, nos inmoviliza y nos bloquea, pero es importante saber que tenemos capacidad para actuar sobre esa emoción, para convertir la culpa en decisión de aprender, de mejorar, de progresar, de aceptar nuestros fallos y comprometernos a corregirlos.

Pero ya hemos dicho que la culpa no siempre obedece a causas lógicas o reales, sino que también puede surgir de emociones no concienciadas y de las que, objetivamente, no tenemos culpa ni responsabilidad alguna.

En tal caso, no es posible pedir perdón porque no hay víctima y no es posible arrepentirse porque no ha habido daño ni intención.

Preocupación

Con la adquisición de la conciencia, el ser humano fue capaz de prever el futuro, de planificarlo y de prepararse para él, es decir, de imaginar soluciones para situaciones que no solamente no se dan en el presente, sino que ni siquiera se sabe si algún día se van a producir. Pero, por si acaso...

Ese "por si acaso" es positivo cuando sirve para prevenir situaciones, por ejemplo, el contagio de una enfermedad o la llegada de un aguacero. Pero ese "por si acaso" también sirve para generar ansiedad ante un futuro incierto que puede (o no) traer desastres.

Es importante tener en cuenta que nuestro cerebro no distingue entre una catástrofe real y una catástrofe imaginaria, porque ambas informaciones entran en él de la misma forma a través de nuestro organismo, que interpreta la situación como si fuese real. La interpretación es subjetiva, porque depende de cómo percibe cada uno las cosas, pero al cerebro le llegan siempre como reales. Con esas entradas de información, nuestro cerebro forma nuestra mente, tanto consciente como inconsciente[3].

La preocupación se presenta acompañando a la ansiedad y es la ansiedad la que nos llena la mente de ideas o imágenes dolorosas que pueden llegar a convertirse en catastróficas, porque la ansiedad no entiende de realidades, sino que crece y se retroalimenta para invadir nues-

3   Abud Fuente, Celina, "Entrevista al doctor Daniel López Rosetti", en IntraMed, 3 de abril, 2023.

tro mundo de sensaciones angustiosas que, en numerosas ocasiones, no llegan a suceder.

La cadena de la preocupación se inicia con un malestar, físico o psíquico; por ejemplo, la noticia de una fusión bancaria cuando estamos a punto de pedir un crédito.

1. El eslabón siguiente puede ser: *¿Y si me lo niegan?*
2. A este sigue otro eslabón: *Ahora cambian al director y ya no le conozco.*
3. Y un nuevo eslabón de la cadena: *Pues ya no puedo solucionar lo de mi negocio.*
4. El siguiente puede ser: *A ver cómo pago tanta nómina y a tanto proveedor.*
5. El último eslabón sería: *Tendré que declararme en quiebra. ¿Qué va a ser de mi familia?*

En ese punto, la preocupación envuelta en ansiedad se ha trasladado al organismo causando tensiones, agotamiento, insomnio y otros síntomas físicos.

La cadena de la preocupación surge por cualquier motivo. En las personas propensas a preocuparse, no hace falta que su banco desaparezca devorado por otro más importante para que se planteen la posibilidad de una negativa a su solicitud de crédito, con todo lo que le sigue.

Los desencadenantes suelen ser de tres tipos:

- Ambigüedad. Se puede interpretar de varias maneras. La respuesta a la petición del crédito ni acepta ni deniega claramente.
- Novedad. No hay experiencia previa de casos similares. Es la primera vez que solicitamos un crédito o es la primera vez que lo solicitamos a ese banco.
- Impredecibilidad. No está claro que exista una solución válida al problema o no hay seguridad de que las cosas empeoren. El banco puede aceptar o denegar el crédito, con el cincuenta por ciento de probabilidades.

Los psicólogos Matthew Whalley y Hardeep Kaur, autores de la guía *Cómo vivir con la ansiedad y la preocupación en medio de una incertidumbre global*,[4] dividen las preocupaciones en dos grandes tipos: las que corresponden a problemas reales y las que corresponden a problemas hipotéticos.

El ejemplo anterior del crédito bancario corresponde a un problema real que precisa una solución financiera. La preocupación se centra en la posibilidad de que esa solución falle y el

_____

4 Whalley, Matthew y Kaur, Hardeep, "Cómo vivir con la ansiedad y la preocupación en medio de una incertidumbre global", en PsichologyTools 2020, www.psychologytools.com.

problema no solamente no se resuelva, sino que se agrave.

La preocupación por si el problema se agrava corresponde a un problema hipotético, pues no hay signo objetivo alguno que lo indique. En este caso, la preocupación pasa de normal a excesiva.

Es normal preocuparse antes de pedir un crédito o antes de que el crédito sea concedido. Es excesivo preocuparse por una quiebra económica antes de haber agotado todas las posibilidades de solución.

Culpa, preocupación y vergüenza

Parecen lo mismo pero no son lo mismo.

El diccionario de María Moliner describe la vergüenza como un sentimiento de pérdida de dignidad por un error cometido por uno mismo o por otra persona con la que exista algún tipo de relación.

El sentimiento de vergüenza está siempre presente en un trastorno de la personalidad por evitación, que se caracteriza por inhibición social y sentimientos de inadecuación, junto con una evaluación negativa de uno mismo.

El psicólogo Enrique Echeburúa, catedrático emérito de la Universidad del País Vasco, explica que la vergüenza y la culpa son conceptos que hemos asociado, pero que no son la misma cosa. El *Génesis* menciona la vergüenza como un sentimiento de malestar ante la propia desnudez, pero ya sabemos que los libros religiosos no cuentan cosas reales, sino míticas y que las cuentan de forma interpretable. Aquí se puede interpretar la vergüenza como sentimiento de culpa por haber transgredido la norma social e incluso como preocupación por el castigo merecido.

Mientras que la culpa se dirige a un acto o pensamiento que atañe a los demás, la vergüenza atañe a la propia persona y, por tanto, es más destructora de la autoestima. Sentir culpa es sentir remordimiento por un mal que afecta a otros y que, de alguna manera, se puede corregir o castigar. Sentir vergüenza devalúa a la persona que la siente, descalifica sus méritos y arruina sus valores.

En cuanto a la preocupación, se refiere al futuro, mientras que la culpa se refiere al pasado o incluso al presente. La palabra "preocupación" conlleva el prefijo de algo que aún no ha sucedido, *pre*.

La ansiedad en la preocupación

Las preocupaciones normales se distinguen de las excesivas en el tipo de ansiedad que generan:

- Las preocupaciones normales generan ansiedad positiva, porque ayudan a conseguir lo deseado y a solucionar los problemas.

- Las preocupaciones excesivas generan ansiedad negativa, porque impiden llevar a cabo una vida normal, ya que producen una carga de abatimiento, amargura y malestar.

La incertidumbre de los tiempos actuales se ha convertido en global. No solamente percibimos un futuro incierto, sino un presente que ofrece escasa certidumbre, al menos, en lo que a situaciones positivas se refiere.

La salud, el trabajo, la precariedad, el clima social, los valores de justicia, de amistad, de solidaridad, de confianza, se resquebrajan con frecuencia en este mundo que nos ha tocado vivir.

Si echamos una mirada a la historia, comprobaremos que todas estas situaciones inciertas acompañan al ser humano desde que inició su andadura como persona, es decir, desde que recibió ese don que antes fuera patrimonio de los dioses, la conciencia.

La diferencia entre nuestro tiempo actual y los tiempos pasados es la globalización y, con ella, la comunicación. Todo lo que sucede en un lugar del mundo nos atañe y, por tanto, nos preocupa. A las preocupaciones habituales del quehacer diario sumamos las preocupaciones de otras gentes en otros lugares y que viven situaciones que nosotros, por fortuna, no vivimos, pero que han dejado de sernos ajenas, porque tenemos la experiencia de que lo que sucede al otro lado del mundo, nos puede llegar en cualquier momento. No hay más que recordar las crisis financieras, sanitarias, políticas o sociales que se inician en países de los que apenas tenemos referencia y con los que no tenemos similitudes aparentes. Hasta que nos llega la crisis o sus coletazos. Como esos fenómenos meteorológicos con nombre propio que nos llegan arrasando o ya convertidos en tormentas. Pero nos llegan.

La preocupación por el aquí y ahora, por el allí y mañana, es un generador de ansiedad del que no podemos escaparnos porque las comunicaciones, las redes sociales, ya sean virtuales o de carne y hueso, se ocupan de recordarnos la incertidumbre en que vivimos. Y la incertidumbre es algo que nuestro cerebro no admite, porque la evolución no nos ha preparado para ella, sino para la certeza y para la seguridad.

Y, como no sabemos lo que va a pasar, lo deducimos de experiencias anteriores, lo aprendemos de experiencias ajenas o, simplemente, lo imaginamos. Y aquí es donde la ansiedad cumple su función de convertir lo desconocido en amenaza cierta o posible. Lo hemos visto en el ejemplo de la persona que tiene que solicitar un crédito bancario y recibe la noticia de que su banco se ha fusionado o ha sido absorbido por otro banco más grande o importante. La absorción o la fusión pueden haber tenido lugar en otro país del mundo, pero, la globalización y las comunicaciones instantáneas han traído la noticia de algo que incluso puede tardar tiempo en llegar a producirse en el país del solicitante del crédito. De ahí a la quiebra, al concurso de acreedores y a la ruina de la familia hay un abismo que la imaginación, con ayuda de la ansiedad, ha creado.

Lo que no acabamos de aprender es que, a la hora de la verdad, cuando miramos hacia atrás y comprobamos los resultados de nuestras preocupaciones anteriores, nos damos cuenta de que el noventa por ciento de todo aquello que un día nos preocupó no se cumplió, no sucedió o, si sucedió, no fue tan grave ni tan doloroso.

Recomendaciones

Matthew Whalley y Hardeep Kaur, los psicólogos que hemos citado anteriormente, aportan una serie de recomendaciones para abordar el estado de ansiedad que generan las preocupaciones, es decir, cuando las preocupaciones no se limitan a mantenernos alerta en busca de una solución o un remedio, sino cuando se convierten en un problema psicológico que puede degenerar en un trastorno de ansiedad.

- Mantener el equilibrio en la vida. Un equilibrio conseguido a base de no renunciar a las actividades que producen placer y bienestar, actividades que procuran distracción y mantienen la mente y el cuerpo activos para evitar caer en la inacción que se llenará de pesadumbre, malestar y angustia.
- Aprender a distinguir la preocupación real de la hipotética. Analizar cuidadosamente la situación que genera preocupación y separar lo real, lo que realmente sucede, de lo imaginario, lo que prevemos que va a suceder pero que ni ha sucedido ni hay indicios objetivos de que vaya a suceder.
- Procurar retrasar las preocupaciones para el momento en que realmente sea necesario ocuparse de ellas.
- Practicar el método de meditación *mindfulness,* que es muy eficaz para controlar las emociones y el malestar de las preocupaciones.

Para las preocupaciones

Para enfrentarnos a las preocupaciones, la guía elaborada por los citados autores incluye un árbol de decisiones que se inicia identificando el asunto de la preocupación:

– ¿De qué me preocupo?

Continúa analizando las posibilidades de solucionar el asunto:

– ¿Puedo hacer algo por solucionar este problema?

Si la respuesta es negativa, es decir, no hay nada que se pueda hacer para solucionarlo, la recomendación es tratar de olvidarlo y centrarse en otra cosa. Cuando el problema se haga presente, será el momento de abordarlo.

Si la respuesta es positiva, la recomendación es hacer una lista de las posibles soluciones, separando las que se puedan llevar a cabo inmediatamente para ponerlas en práctica sin dilación. Para las que se puedan llevar a cabo más adelante, conviene establecer una fecha y un modo de ponerlas en práctica.

Después de estas medidas, se puede empezar a olvidar la preocupación.

Agreguemos a estas recomendaciones las del método de análisis de problemas y toma de decisiones de Kepner Tregoe que enseña a separar el problema de la decisión y que aconseja[5]:

---

5   "Método Kepner Tregoe explicado" en www.toolshero.es/resoluicion-de-problemas/metodo-kepner-tregoe/

– ¿Qué es lo peor que puede suceder? ¿Puedo solucionarlo?

El método de Kepner Tregoe empieza por identificar el problema. A la hora de solucionarlo, presenta una serie de análisis que nos pueden llevar a encontrar una solución para el problema y a tomar una decisión acertada:

1. Análisis de la situación. Consiste en determinar cuál es en realidad la situación del problema, es decir, qué es lo que ha sucedido. Por ejemplo, el banco habitual ha sido absorbido por otro desconocido, lo que dificulta la solicitud del crédito, puesto que ya no se puede contar con la simpatía, el reconocimiento y el apoyo del director del banco habitual.
2. Análisis del problema. Consiste en localizar la causa verdadera del problema. Por ejemplo, el cliente teme que el nuevo director del nuevo banco no sea proclive a concederle el crédito, puesto que ha cambiado la situación y ya no es un cliente antiguo y conocido.
3. Análisis de la relación entre la causa y el resultado. Consiste en llegar al porqué, es decir, por qué la causa ha originado la situación. Por ejemplo, porque el nuevo

banco es extranjero, desconoce la situación del cliente, así como su larga solvencia y trato con el banco absorbido, y ha de plantearse nuevos objetivos que pueden modificar los requisitos para la concesión de créditos.

4. Análisis de decisión. Consiste en elegir la decisión que conduzca a solucionar el problema, es decir, cómo hay que actuar para lograrlo. Por ejemplo, hablar con el director del banco absorbido para plantearle el posible problema que puede surgir a raíz de la absorción y solicitar su recomendación y ayuda.

5. Análisis de problemas potenciales. Consiste en anticipar posibles problemas futuros y prever acciones preventivas, es decir, ¿qué es lo peor que me puede pasar? ¿Cómo podría solucionarlo? Por ejemplo, que el nuevo banco no le conceda el crédito. Si ya se ha previsto esa posibilidad tras las conversaciones con el banco habitual, se puede ir gestionando la negociación con un banco diferente, contando incluso con la recomendación del director del banco absorbido.

Miedo

Con la adquisición de la conciencia, también aprendimos que todos hemos de morir. Pero no como lo perciben los animales, de forma instintiva y solamente cuando su muerte está próxima. Los seres humanos sabemos que hemos de morir y lo sabemos de forma intelectual, desde que tenemos uso de razón.

Es posible que esa conciencia de muerte sea la causa de la angustia y del miedo que padece la especie humana, porque sabe de su muerte cierta y por eso transmite angustia y miedo de generación en generación. Angustia y miedo que son irracionales.

Pero el miedo que se genera en cada persona es una pulsión imprescindible para su integridad. Un ser que no sienta miedo ante una situación desconocida está en peligro de muerte. Si no dispone de los mecanismos instintivos que disparen en él una reacción de temor, su vida vale muy poco.

- Un organismo sano o ajustado genera una cantidad de miedo adecuada al peligro real.
- Un organismo enfermo o desajustado genera una cantidad de miedo superior o inferior al peligro real.

Quien no tiene miedo no se defiende, no se

prepara para eludir el ataque ni para contraatacar. Los héroes también tienen miedo, pero saben controlarlo. No hay heroicidad sin miedo, sino inconsciencia. Porque el miedo no es de cobardes, sino que es una de las reacciones instintivas con las que contamos para defendernos del peligro.

Tenemos miedo innato ante situaciones amenazantes naturales como la oscuridad, el rayo, un animal fiero o un ataque visible, pero no sentimos miedo ante amenazas invisibles, como un enchufe o la presencia de un estafador, sino que precisamos aprender a temerlas a través de la experiencia propia o ajena.

Ningún bebé teme a un enchufe a menos que introduzca los deditos en él y reciba una descarga. El temor lo aprende de los adultos que le advierten del peligro y procuran evitar que lo aprenda por experiencia. Nadie teme a un estafador si no ha sufrido una experiencia o ha conocido casos de estafa de boca de otros.

Atacar o huir

Las respuestas al miedo son la huida y el ataque, es decir, escapar del objeto que produce temor o luchar contra él. Cualquiera de esas dos reacciones es natural, está determinada por el instinto de conservación y depende de las circunstancias de la situación, del sujeto que recibe la amenaza o de la amenaza en sí. Cuando la huida es imposible, lo normal es que el sujeto reaccione atacando, porque es la única opción que le queda para salvaguardar su integridad.

La primera reacción biológica ante un estímulo que produzca miedo es la huida, porque el organismo se prepara automáticamente para ello, con un aporte extra de oxígeno y sangre a los músculos que permiten la huida, es decir, a los músculos de las extremidades.

En la reacción de ataque, por el contrario, la sangre irriga los músculos de los miembros corporales que facilitan la lucha. En el ser humano, la huida depende de las extremidades inferiores, y el ataque de las superiores. Cuando alguien se dispone a huir suele palidecer, porque la sangre oxigenada fluye del rostro y la parte superior del cuerpo hacia la parte inferior, es decir, las piernas. Cuando alguien se dispone a atacar, suele enrojecer, porque la sangre oxigenada fluye hacia el rostro y la parte superior del cuerpo, es decir, los brazos y el torso.

Una respuesta de huida ante el miedo es la que vemos en los animales que abandonan un lugar cuando su instinto les advierte de la presencia de un depredador o de la amenaza de una catástrofe, como un incendio. Otra respuesta de huida es confundirse con el medio, como hacen los camaleones al cambiar de color para fundirse con el lugar en el que se encuentran y así pasar desapercibidos.

En el ser humano, la respuesta de huida es similar a la de los animales, escapar o esconderse. A veces, la persona se queda inmóvil ante el pánico, como una imitación involuntaria de la estrategia animal de confundirse con el medio. Lo vemos en muchas películas de terror. Es una respuesta catatónica en la que la persona trata de pasar desapercibida, como esos insectos que se convierten prácticamente en hojas para difuminarse entre la hojarasca.

La respuesta de ataque se suele iniciar con una postura corporal en la que el animal muestra sus garras, sus dientes, eriza su pelo o gruñe y se prepara para el asalto. Las personas enrojecemos, hinchamos los músculos, crispamos las manos y, en general, el organismo se prepara para la lucha.

Los miedos preparados

La respuesta de huir o de atacar es resultado del miedo. El miedo es siempre subjetivo e igualmente puede serlo esa respuesta. Al miedo lógico hay que sumar el miedo mágico, que es el que suscitan objetos o situaciones inocuos, pero que nuestra imaginación o nuestra experiencia convierte en agresivos. Un ejemplo habitual son las fobias, cuando un ratón inofensivo provoca una reacción de pánico en una persona que responde escapando del animal (huída) o tratando de matarlo (ataque).

Otro ejemplo conocido de miedo mágico es el que producen algunas situaciones de las que esperamos un daño o un perjuicio, aunque no tengamos argumentos razonables para esperarlos. Una llamada inoportuna, unos pasos en la oscuridad, un documento certificado y con acuse de recibo o un burofax, pueden ser inocuos pero nuestra imaginación puede convertirlos en amenazas serias o graves.

La mayoría de la gente que teme a las serpientes jamás ha visto una de cerca ni de lejos. Y, sin embargo, la sola mención de uno de esos animales le produce escalofríos de terror. Muchas de nuestras reacciones están determinadas por la cultura, por arquetipos que el grupo nos muestra como nocivos o dignos de odio. Son temores residuales de tiempos muy antiguos, en que algunos estímulos significaban una amenaza para la supervivencia del individuo o de su parentela. Por eso se llaman miedos preparados, preparados por la cultura y por la genética. El miedo a las arañas, a las serpientes, a las ratas, a los espacios cerrados, a los cuchillos, a las alturas y a algún otro símbolo de antiguo peligro, son reminiscencias de un tiempo en que el mundo era hostil y el hombre o el homínido sentía constantes amenazas del entorno. Esos temores debieron salvar la vida a más de uno.

Esos objetos que la cultura nos presenta como odiosos o dañinos suscitan una respuesta aprendida socialmente de ataque o de huida, porque hay una asociación establecida entre ellos y un estímulo agresivo. La serpiente es un símbolo perverso en nuestra cultura y, aunque se han realizado algunos experimentos para demostrar que el temor a la serpiente es innato en el ser humano y en los chimpancés, no ha quedado claramente demostrado.

No está, por tanto, claro que el miedo a la serpiente sea innato, aunque bien pudiera ser transmitido genéticamente, porque es un signo cultural de efecto atemorizador.

En la religión cristiana, el diablo se presentó a Eva bajo su forma y ello supuso el fin del bienestar paradisíaco. La mujer, María, pisa su cabeza para representar el triunfo de la virtud sobre el vicio. En otras culturas, el águila devora a la serpiente en la simbología mexicana. La serpiente Pitón persiguió a Latona cuando iba a dar a luz a Apolo y Diana en la isla de Delfos.

En nuestra tecnificada y preñada de lógica cultura occidental, resulta casi antinatural y siempre sobrehumano que alguien no huya ante una serpiente, que la acaricie o que la tenga como animal de compañía.

La ansiedad en el miedo

El miedo se puede convertir en ansiedad, como un temor flotante y sin objeto concreto. No es un temor a algo que se pueda intelectualizar, como perder el empleo o la salud, sino un temor a algo invisible que amenaza con destruirlo todo. Ese temor incontrolable e indefinible es la ansiedad asociada al miedo.

En el miedo, la ansiedad puede alertar de una amenaza inminente o presente, pero si esa amenaza no existe realmente o ni siquiera se llega a producir, entonces hablamos de estado de ansiedad. Un ejemplo es el temor a que una vacuna tenga efectos secundarios negativos o que una operación produzca malos resultados.

Este temor se puede dar incluso en personas que no tienen experiencia en efectos negativos de operaciones o vacunas ni se ha producido caso alguno en su entorno. En ese caso, es miedo, pero miedo basado en posibilidades y suposiciones que pueden no ser reales pero que generan un estado de ansiedad.

La diferencia entre el miedo y la ansiedad es que, en el miedo, el cerebro genera una respuesta coordinada entre varias áreas cerebrales que nos preparan para defender nuestra integridad de una amenaza o un ataque, mientras que, en la ansiedad, son tantas las áreas cerebrales que se activan, que se llega a perder la coordinación entre ellas y de ahí la dificultad para intelectualizarla y controlarla.

La ansiedad en el pánico

En el pánico, el objeto que provoca ansiedad produce una reacción de miedo exagerada, como sucede en las fobias. Un ejemplo conocido es el pánico que a veces nos produce una situación ya vivida como dolorosa o perversa, como un mal rato durante un viaje en avión. La experiencia desagradable puede quedar asociada a ese tipo de viajes, aunque es posible que no vuelva a repetirse, pero la persona que ha sufrido el mal rato, puede guardar ese recuerdo y sentir ansiedad solamente ante la idea de realizar un viaje en avión, con la seguridad de que algo terrible ha de suceder.

El pánico se presenta también ante lo desconocido, ante un proceso incierto cuyo final no es posible prever, como una operación o un juicio. Aquí no hay objeto en el que centrar la ansiedad, sino un malestar generalizado que no deja entrever su objeto ni su fin.

El ataque de pánico se puede presentar sin previo aviso, sin saber por qué y suele coincidir con etapas de estrés.

El trastorno por pánico muestra los síntomas siguientes:

- Latidos rápidos del corazón (taquicardia).
- Dolor en el pecho o en el estómago.
- Dificultad para respirar.
- Debilidad o mareos.
- Transpiración.

- Calor o escalofríos.
- Hormigueo o entumecimiento de las manos.

Recomendaciones

Para los trastornos de pánico, de ansiedad o de estrés, es necesario solicitar ayuda profesional.

Los profesionales de la salud recomiendan una psicoterapia que permita identificar y modificar los patrones de pensamiento del paciente antes de que tales pensamientos lo lleven al pánico. Esta terapia combinada con la medicación adecuada puede prevenir y hacer remitir las crisis de pánico.

Fobias

La fobia, del griego *fobos,* miedo, es la repulsión y/o pánico ligados específicamente a un objeto. En eso se diferencia de la angustia, que es un temor flotante sin objeto. La fobia tiene un objeto claro y definido.

En las fobias, la ansiedad se desplaza muchas veces a objetos inocuos, revistiéndolos de un carácter amenazador y quedando ligada a ellos. Las reacciones fóbicas suponen un pánico intenso, ilógico e irrebatible a la razón. Aunque la persona sepa cabalmente que el objeto temido es absolutamente inofensivo e incluso débil y vulnerable, como es el caso de un ratoncillo, no le es posible controlar el terror que tal objeto le produce. Ante la amenaza de un objeto fóbico, quien la sufre puede realizar actos imprevisibles de huida o ataque, llevado por el terror. Hay miles de ejemplos de fobias que vemos en la vida diaria, desde el miedo a volar, hasta la claustrofobia, la agorafobia o el terror ante los ratones o las arañas.

La fobia tiene el carácter defensivo de la ansiedad que, quien la padece, desplaza desde un trauma afectivo insoportable hacia un objeto banal, que puede ser inocuo, como los muñecos rotos, o potencialmente nocivo, como los cuchillos. Ese objeto banal representa el máximo terror del fóbico, a pesar de que él mismo reconoce ser absurdo, pero le resulta imposible controlarlo.

La ansiedad en las fobias

En las fobias, la ansiedad alerta siempre de una amenaza imaginaria pero que, de alguna manera, se siente como real, aunque la lógica intente imponerse por todos los medios para refutar la sensación terrorífica que produce el objeto fóbico. Las fobias no pueden rebatirse con argumentos lógicos porque el miedo que generan es miedo mágico, puesto que el objeto aterrador no es una amenaza real, aunque ya hemos dicho que nuestro cerebro la percibe como auténtica.

En este caso, la ansiedad se centra en ese objeto y ya no es un estado de ansiedad flotante cuya localización no se puede precisar, sino que es fija y precisa. Un ratón, una serpiente, una tormenta, un viaje en avión, son objetos fóbicos que generan un estado de alarma imposible de controlar y que, a diferencia del pánico, no se pueden desmentir con lógica ni siquiera con experiencias positivas.

Si un ratón genera pánico, se puede controlar comprobando que no es un animal peligroso. Si genera fobia, no se puede controlar en modo alguno, si no es con un tratamiento profesional, porque quien la padece sabe de sobra que el ratón no es un animal peligroso.

La fobia nada tiene que ver con experiencias ni conocimientos previos, sino con el traslado de un miedo real experimentado ante un objeto dañino que se ha desplazado sobre un objeto inocuo. Por ejemplo, un niño maltratado puede desplazar sobre un objeto inocuo, como un insecto, el terror que le produce el adulto que lo maltrata, que puede ser su padre, su madre o alguien de quien espera afecto y protección.

Recomendaciones

Las fobias son miedo mágico. Por tanto, de nada sirve apelar a la lógica, al intelecto ni a la realidad objetiva. Quien padece una fobia sabe sobradamente que su padecimiento nada tiene que ver con la realidad. Por tanto, lo recomendable es recurrir a un profesional de la psiquiatría o la psicología. El médico de familia puede orientar en estos casos hacia el profesional más adecuado.

Según el tiempo de evolución de la fobia, se puede tratar con psicoterapia combinada con medicamentos que hagan descender o remitir la carga de ansiedad. En casos en que la fobia proceda de mucho tiempo atrás, es posible que el mejor remedio sea psiquiátrico.

También puede ser de utilidad una psicoterapia psicodinámica, que se basa en un diálogo para tratar de comprender los motivos conscientes e inconscientes que subyacen a la fobia.

La ansiedad en la fobia a la felicidad

Una de las fobias menos conocidas es el miedo a la felicidad, que en psiquiatría se conoce como querofobia. No es un desorden mental, sino un trastorno que se presenta en forma de ansiedad que se genera ante la posibilidad de alcanzar eso tan preciado para casi todos que es la felicidad.

Las personas que padecen esta fobia evitan situaciones que puedan aportarles felicidad, alegría, bienestar, porque tienen la sensación de que después de cada situación de felicidad

sobreviene una situación de malestar, de catástrofe o de dolor.

Y esa percepción de futuro trágico es la que
los conduce a evitar la felicidad, a rechazar todas
las posibilidades que la vida les ofrece para ser
felices, al menos, durante un tiempo. Es como si
no merecieran ser felices y, en el caso de llegar
a serlo aunque sea por un tiempo corto, llevara
consigo un castigo por haber disfrutado de algo
que no les corresponde[6].

Las manifestaciones de la querofobia suelen ser las siguientes:

- Temor a compartir eventos sociales.
- Temor a tener casa propia.
- Deseo de formar una familia, pero miedo
  a tenerla.

La autora del artículo "Querofobia o miedo
a la felicidad" señala como caso más común el
de las personas que consiguen una relación de
pareja estable y feliz y, un día, empiezan a manifestar ansiedad ante la posibilidad de que su
felicidad se quiebre, sin que exista señal objetiva alguna de ello.

Las personas que sufren querofobia mani-
fiestan algunos de los síntomas siguientes:

---

6   Correa, Lizbeth Nathaly, "Querofobia o miedo a la felicidad",
en psiquiatria.com 10/07/2020.

- Sufren una ansiedad inexplicable cuando se les invita a participar en algún acontecimiento social. Les angustia la sola idea de disfrutar, compartir y sentir alegría.
- Se aíslan de las situaciones alegres de la vida y se niegan a participar de actividades divertidas, rechazando así las oportunidades que podrían proporcionarles positivismo.
- Asocian la alegría con la tragedia.
- Si llegan a disfrutar de algún evento, no pueden evitar sentirse culpables y sufrir con la idea de que la felicidad las podría convertir en malas personas.
- No son capaces de explicar el malestar que les causa la sola idea de la felicidad, aunque algunos llegan a manifestar temor a que sus familiares y amigos sufran situaciones negativas.

Recomendaciones

Como para todas las fobias, la única solución para la fobia a la felicidad es recurrir a la ayuda profesional. La psicóloga Lizbeth Nathaly Correa recomienda psicoterapia adecuada, que puede conseguir excelentes resultados en este caso, especialmente algunas terapias específicas como la terapia neurolingüística, la terapia cognitiva conductual, el método *mindfulness* y las estrategias de relajación a base de respiración profunda. Los ejercicios de asistencia a eventos que provocan felicidad o la terapia de grupo se vienen aplicando y son de gran ayuda.

La terapia para esta fobia se centra en incrementar la confianza que tiene en sí mismo quien la sufre, para llegar a entender que merece la felicidad como la merecen otras personas. Para ello es preciso aumentar la autoestima, el amor propio y los sentimientos positivos hacia uno mismo, acompañando este aprendizaje con herramientas para rechazar y combatir el sentimiento de culpa.

El tratamiento consiste en crear objetivos positivos y rebatir los pensamientos negativos con un plan de acción bien pergeñado que demuestre que la decepción forma parte de la vida y que toda situación dolorosa se puede convertir en aprendizaje.

Fobia al selfi

Un estudio llevado a cabo en España por la fundación Mapfre y la Universidad Internacional de La Rioja, entre 1.055 jóvenes de 11 a 17 años, arrojó resultados, cuando menos, preocupantes. El objetivo de este estudio fue conocer el impacto de las redes sociales en la alimentación y en la forma en que los menores perciben su aspecto físico, según las marcas publicitadas por los *influencers* y las plataformas que habitualmente utilizan, como TikTok, Instagram, YouTube y Twitch.

El resumen de tales resultados es que la mitad de los jóvenes entrevistados asocia el éxito y la aceptación social con un aspecto físico agradable, lo que equivale, en la mayoría de los casos, a un cuerpo "bello y tonificado". En el lado negativo, se halla un grupo de jóvenes participantes en el estudio que afirmaron no hallarse a la altura ante la publicidad que presentan los *influencers*.

Lo relevante de este análisis es la presión publicitaria que reciben los menores sobre alimentos, gimnasios y ofertas de estética[7], sin que nadie les haga conscientes de que todos esos impactos son publicidad.

El trastorno que en clínica se conoce como dismorfofobia se refiere a un malestar insufrible ante la propia imagen física, algo que conocen muy bien las personas que se angustian al comparar su cuerpo y su esquema corporal con la imagen idealizada que le presenta el grupo social, las modas o los *influencers*.

Las causas de la dismorfofobia, esa preocupación exagerada ante el propio aspecto físico, son una combinación de factores biológicos y psicológicos, como la fragilidad del yo, la timi-

---

7   "Un estudio advierte de que hasta la mitad de los menores asocia un 'buen físico' con la aceptación social", en Psiquiatría.com, 15 de mayo de 2023, https://psiquiatria.com

dez, la tendencia al perfeccionismo, la disminución de autoestima, el temor al rechazo; así como factores ambientales relacionados con el pasado o el presente, como haber sufrido malos tratos, abuso o abandono o episodios de humillación durante la infancia y la juventud.

No cabe duda de que las exigencias de las redes sociales incrementan al máximo la fobia a la propia imagen y la obsesión por "estar mejor" que también es una base importante de los trastornos alimentarios que conocemos como anorexia y bulimia nerviosas.

La conducta alimentaria tiene como motivo el hambre y como objetivo saciar esa hambre, es decir alimentar al organismo. Pero puede haber un factor interno o externo que modifique ese motivo y, por tanto, la conducta se encamine a otro objetivo. En la anorexia y en la bulimia, la conducta alimentaria se encamina a impedir que el organismo se alimente y el motivo, lejos de ser el hambre, es el autocastigo corporal.

Otro caso es la conducta social, cuyo objetivo es satisfacer la necesidad psicológica de pertenecer a un grupo y de recibir la aceptación de ese grupo. Y cuando el grupo requiere y exige una imagen física, quien quiera adherirse a ese grupo y ganar su aplauso se deberá someter a rigores extremos para conseguir la imagen obligada, desde la negación del alimento hasta la cirugía plástica.

El psicólogo Adrián Hervás Pérez explica la dismorfofobia como una preocupación excesiva por la apariencia física y un sentimiento de rechazo ante los propios defectos físicos que pueden ser reales o imaginarios, pero que, en la ideación de quien sufre este problema, se convierten en obsesión con pensamientos incontrolables que obligan a conductas repetitivas, como mirarse constantemente al espejo, pesarse, medirse, etc.[8]

La ansiedad en la fobia al selfi

La ansiedad encabeza las funciones que conducen a la fobia a la propia imagen corporal, que es una fobia aprendida del contexto social, el trastorno que hemos llamado dismorfofobia.

Las conductas repetitivas y los pensamientos obsesivos son la forma en la que la persona intenta reducir la ansiedad insoportable que le produce el rechazo de su propia imagen física. Estas conductas incluyen las llamadas conductas de seguridad que consisten en ocultar los aspectos desagradables del físico a la mirada de otras personas, como la ropa amplia que tapa la gordura, las gafas de sol grandes y el maquillaje excesivo que ocultan imperfecciones de la cara.

La tecnología que da vida a las redes sociales de hoy ha aportado herramientas para que

---

8   Hervás Pérez, Adrián, "Dismorfofobia: obsesión por la apariencia física", en Psicologos animae, 19 de marzo de 2021, psicologosanimae.com/dismorfofobia-obsesion-apariencia-fisica

los usuarios puedan utilizar un nuevo yo que se viene a sumar a los yoes que ha descrito la psicología:

- El ideal del yo es lo que queremos ser, la identidad que deseamos alcanzar y la que nos proporcionará el mayor sentimiento de satisfacción personal.
- El yo ideal es lo que nos propone el entorno como modelo de perfección, lo que nos presenta siempre como meta deseable, pero que no necesariamente coincide con nuestro ideal del yo. Es una figura modélica que el entorno nos propone y que nos premiará con un lugar privilegiado en nuestra sociedad.
- La espera social es lo que nuestra familia y nuestro grupo espera de nosotros. Es el yo ideal humanizado, es decir, alcanzable. Pero no siempre coincide con nuestro ideal del yo.
- Nuestro mejor yo es el ideal del yo, porque es nuestro y no está mediatizado.

El nuevo yo que ha nacido con la tecnología es el yo virtual, un yo creado a nuestro gusto y a nuestro placer; un yo que cumple todas nuestras expectativas, todos nuestros deseos y todos nuestros sueños. Un yo que refleja todo lo que queremos reflejar que, por supuesto, es lo que los otros participantes de nuestra red social de cabecera quieren que reflejemos. Porque de la adecuación de nuestro yo virtual a los gustos, normas y exigencias del grupo social depende su acogida y su aceptación, eso que llamamos "me gusta".

Lograr un yo virtual perfecto no es difícil. Basta con enterarse de cuáles son los modelos ideales del grupo, de las recomendaciones y enseñanzas de los *influencers* y crear ese yo paso a paso, con cuidado para que parezca auténtico. Una vez creado, resulta fácil adecuar al yo una imagen que cumpla con todos los requisitos y expectativas de la red social. Una imagen nuestra a la que basta con aplicarle una serie de mejoras y filtros con una aplicación de retoque fotográfico, para conseguir un resultado espectacular.

Será un resultado sorprendente y maravilloso que admirarán todos los usuarios de la red y que nos hará conseguir numerosos seguidores y "me gustas". Lo malo es que es mentira. Y las mentiras, antes o después, se hacen patentes. Solo tenemos que mirarnos a un espejo para comprobar la distancia entre nuestra imagen virtual y nuestra imagen real y solo tenemos que echar un vistazo a nuestro interior para advertir lo poco que nos parecemos por dentro a nuestro yo virtual.

Eso nos puede generar un trastorno de dismorfofobia sobrevenido, porque no solamente nos vemos incapaces de alcanzar la imagen que nuestro grupo exige, sino nuestra propia y falsa imagen creada con tecnología que ni siquiera es cirugía plástica que al fin y al cabo tiene un tiempo de duración, sino que es una imagen que desaparece al apagar el teléfono, lo que el doctor Carlos Pol Bravo llama imágenes y desimágenes[9].

El trastorno llamado dismorfofobia que es, nada más y nada menos, que fobia a nuestra propia imagen, se ha convertido con la tecnología en dismorfofobia del selfi, que refleja la insatisfacción ante la propia imagen y la obsesión insana de parecerse a la imagen inventada y retocada de la cámara fotográfica. Insatisfacción y obsesión elevadas a la enésima potencia por la ansiedad que provoca la distancia a que se sitúa ese estúpido ideal que ni siquiera hemos inventado nosotros y que es capaz incluso de llevarnos a empujones hasta el estrés postraumático.

Recomendaciones

El psicólogo Adrián Hervás Pérez ofrece también una serie de recomendaciones para superar la obsesión por la apariencia física, así como indicaciones para el tratamiento de este trastorno.

---

9   Pol Bravo, Carlos, "Formas de imágenes y desimágenes. Expectativas inciertas… el monstruo engendrado en las redes sociales", en Blog de Psiquiatría.com, 10 de julio de 2021.

Para las personas que lo sufren, este autor aconseja evitar caer en la tentación de mirarse al espejo, pesarse, medirse, compararse, es decir, cualquier acción compulsiva a la que impulse la obsesión por el aspecto físico y sustituir esa acción por otra que resulte atractiva o interesante.

Otra recomendación es no rechazar la asistencia a lugares o eventos en los que haya temor a juicio por parte de los demás. Es preferible romper ese miedo, atreverse a acudir al evento y comprobar que no sucede nada de lo temido.

También es positivo cuestionar la preocupación que se siente por la propia apariencia y someterla al análisis para comprobar si realmente tiene la importancia que se le imputa.

Como en casi todos los trastornos relacionados con la ansiedad, la psicoterapia cognitivo-conductual es la más eficaz para modificar esos pensamientos intrusivos que causan el malestar, ya que repiten creencias y convicciones equivocadas. La psicoterapia puede cambiar este tipo de pensamientos por otros realistas y positivos.

El tratamiento psicológico se completa con farmacoterapia.

Duelo

El duelo es una conducta de ajuste ante la pena. La persona que sufre una pérdida se aflige, llora, pierde el apetito, duerme mal y muestra signos de gran tristeza durante un período de tiempo más o menos largo, según el dolor de la pérdida. Pero, al cabo de ese tiempo, el dolor va remitiendo, la persona recupera el apetito y el sueño normal, comienza a mostrar interés por las demás cosas y, poco a poco, sustituye el recuerdo doloroso por recuerdos amables relacionados con la persona perdida.

Sin embargo, si el duelo persiste en el tiempo, la persona tiene pesadillas constantes, sufre angustia, se siente culpable, no recupera el apetito y su tristeza no remite, puede deberse a un cuadro depresivo que precise tratamiento profesional.

El duelo, al igual que la aflicción, es una reacción de dolor ante la pérdida de un objeto apreciado, ya se trate de una persona, un animal, un objeto o una abstracción. Por ejemplo, una vivienda, un puesto de trabajo, el dinero, la belleza, el ideal político o la libertad.

En el duelo o en la aflicción, el cerebro del sujeto lleva a cabo un análisis de la realidad que demuestra que el objeto amado no existe ya. Lo normal es que la realidad se abra paso y triunfe, no inmediatamente, sino de modo paulatino, con un gasto de tiempo y energía psíquica muy grandes. Por tanto, la situación dolorosa es proporcional a la pérdida, es temporal y remite al cabo de un tiempo.

Sin embargo, cuando la ansiedad entra a formar parte del duelo con su séquito de culpabilidad y angustia, la situación dolorosa ya no es proporcionada, sino desmedida y el duelo por la pérdida emocional no remite al cabo de un tiempo sino que se enquista en la mente y se convierte en depresión o en estrés postraumático.

Además, como hemos dicho, el duelo no solamente es una situación dolorosa aunque necesaria para adaptarnos a la pérdida de un ser querido, sino que también se presenta ante la pérdida de objetos más abstractos como la salud, la imagen física, el amor, la situación económica o social, la amistad, la vivienda, el país o el lugar geográfico habitado, como en casos de catástrofes naturales o de conflictos políticos.

La ansiedad en el duelo

En el duelo, la ansiedad aparece en el proceso en que tomamos conciencia de que el objeto amado ya no está, ya sea una persona, un animal, una cosa o una abstracción, como venimos diciendo. Ese proceso supone no solamente aceptar la pérdida, sino retirar, poco a poco, el apego, para librarnos de ese afecto y situarlo en el recuerdo. Durante ese proceso, sobrecargamos cada uno de los recuerdos y esperanzas que constituyen un punto de enlace de nuestra afectividad con el objeto perdido. Es una tran-

73

sacción muy dolorosa pero llega un momento en que la ansiedad remite, porque el duelo ha finalizado.

Hemos dicho que el duelo es un proceso necesario aunque doloroso, porque sirve para adaptarnos a la pérdida. Sin embargo, cuando la ansiedad se asienta firmemente en el proceso y toma las riendas, la adaptación no se produce, sino todo lo contrario, porque la conducta de ajuste se convierte en conducta de desajuste, es decir, en un dolor y un malestar desproporcionados a la pérdida.

En este caso, además de la tristeza propia del duelo, se presentan otras emociones como la ira, los autorreproches, los sentimientos de culpa, la confusión, la sensación de vacío, el miedo, la desolación y, en casos más graves, puede producirse estrés postraumático, en el que se suelen revivir las escenas más dolorosas de la pérdida de una forma insoportable e incontrolable.

Si se trata de la pérdida de una persona querida, se pueden dar situaciones traumáticas en las que parece oírse su voz o sentirse su presencia. Incluso puede aparecer en sueños con algún matiz amenazador o culpabilizante y, en ese sueño, producir sentimientos de culpa y necesidad de pedir perdón.

Cuando la pérdida se refiere a la salud, a la situación social o económica, a la vivienda, al trabajo o al bienestar, la ansiedad provoca sentimientos como impotencia, incredulidad, frustración, desesperanza, incertidumbre y también, a veces, culpa.

Sin embargo, todos estos sentimientos se deben a la ansiedad que engrandece el dolor del duelo por la pérdida de algo de lo que, realmente, no tenemos culpa alguna y que se hubiera producido de todas formas pese a nuestros posibles esfuerzos por evitarla.

En tales casos, la respuesta de nuestro organismo para adecuarse a esa situación adversa es preparar un patrón defensivo que incluye cambios en nuestra fisiología y en nuestra psicología, encaminados a adaptarnos a la pérdida emocional que sufrimos. Nuestro cerebro prepara un conjunto de conductas organizativas de las que no somos conscientes, pero que conocemos como "hacerse a la idea" o "prepararse para algo".

Y, dado que tenemos que enfrentarnos a una situación muy poderosa, la respuesta de adaptación debe de ser también poderosa, lo cual, puede tener un coste para nuestra salud física o mental. El coste para nuestra salud física puede ser el estrés postraumático y el coste para nuestra salud mental puede ser la depresión.

Recomendaciones
La psicóloga sanitaria Marta de la Fuente

ofrece una serie de recomendaciones para disminuir la tristeza ante la pérdida emocional[10].

- Buscar el apoyo de familiares y amigos, pero cuando sea necesario, sin forzar esa compañía, puesto que en algunos momentos es preferible la soledad.
- Intentar compartir los malos momentos con personas diferentes para que ninguna de ellas pueda sentir agobio o desbordamiento.
- Buscar pequeños espacios de bienestar y darse permiso para disfrutar de la vida.
- Permitirse el duelo emocional, pero con pequeñas obligaciones que impidan el aislamiento y ayuden a recuperar la vida familiar, social, laboral y personal.
- Evitar tomar decisiones importantes de forma precipitada, dado que en esos momentos predominan emociones que controlan las decisiones no siempre acertadas.
- Si se trata de la pérdida de una persona, es importante expresar emociones, pensamientos e ideas en un diario o en cartas dirigidas a la persona perdida, especialmente sobre todo aquello de lo que no se habló en vida, como una reconciliación o

10 De la Fuente, Marta, "Duelo emocional: la vivencia de la pérdida", en Área Humana, www.areahumana.es/superar-duelo-emocional

un secreto. También es útil crear un "espacio de recuerdos" como un álbum o una carpeta para poder revivir momentos o situaciones cuando sea necesario.

- Dejar que los recuerdos surjan y compartir los buenos y los malos momentos. No hay que ocultar el dolor ni la alegría.
- Evitar deshacerse de objetos o recuerdos precipitadamente, porque la impulsividad o la tristeza pueden jugarnos una mala pasada. Es bueno guardar cosas como fotografías, cartas, objetos personales, que pueden ayudar más adelante.
- Aceptar los recuerdos dolorosos gradualmente, sin prisa. Poco a poco, el sufrimiento irá disminuyendo.
- Cuidar la alimentación, el ejercicio físico, el descanso, la reducción de hábitos tóxicos, frecuentar espacios al aire libre y pasear.

Si la ansiedad y la tristeza persisten, es conveniente buscar ayuda psicológica. La mejor forma es recurrir al Colegio de Psicólogos de la localidad.

Depresión

La depresión se utiliza con frecuencia como cajón de sastre para describir o calificar una situación de duelo, de tristeza o de desgana. Pero la depresión es algo mucho más importante y mucho más grave.

La depresión se diferencia del duelo en que incluye un profundo sentimiento de culpa por la pérdida del objeto. La reacción de dolor es desproporcionada y no remite con el tiempo, sino que puede agravarse e incluso conducir al suicidio, porque a veces es la única salida que encuentra el enfermo para librarse de su mal.

A diferencia del duelo, en la depresión, la aflicción no disminuye con el paso del tiempo, la afectividad no se retira del objeto perdido (persona, animal, objeto o abstracción) y el dolor se perpetúa llegando a crear una historia depresiva que inunda la mente del deprimido, de manera que forma una especie de filtro que impide el acceso a otros intereses o a otras historias que no sean su recuerdo doloroso, convirtiéndolo en un pensamiento casi único.

Por eso, en la depresión no hay más interés ni más objetivo que el dolor, la culpa y la angustia. No hay palabra amable que pueda paliarlo, no hay esperanza ni solución, no hay fuerza para salir de ahí ni otro deseo que acabar con esa situación. No hay futuro, sino un pasado y un presente estáticos con su historia dolorosa inmóvil y congelada.

Ante ese bloqueo se estrellan las recomendaciones de los amigos y familiares: olvidar, distraerse, cambiar de situación, interesarse por otras cosas. Nada de esto es posible mientras la depresión continúe obstruyendo la entrada. Por ello, la única posibilidad de abrir la puerta a nuevos estímulos, que susciten otro tipo de intereses en los que se diluya la historia depresiva, es aplicar un tratamiento profesional, psiquiátrico y psicológico.

La depresión presenta los síntomas siguientes:

- Sentimientos de tristeza, abatimiento y desesperación.
- Desinterés por el arreglo personal, incluso por la higiene.
- Deseos de llorar.
- Dificultad para conciliar el sueño.
- Falta de apetito.
- Desinterés por el sexo.
- Pérdida o aumento de peso.
- Problemas intestinales, como estreñimiento.
- Taquicardias.
- Cansancio continuo.
- Embotamiento. Sensación de tener la mente borrosa. Dificultad para concentrarse.
- Intranquilidad, inquietud.
- Incapacidad para realizar las tareas habituales.

- Irritabilidad.
- Desesperanza frente al futuro.
- Imposibilidad para tomar decisiones.
- Sensación de ser inútil, un estorbo para los demás, incapaz de ayudar o servir de algo.
- La vida parece absurda e insatisfactoria.
- Ideas de ser un lastre para los demás y de que estarían mejor si muriese.

La ansiedad en la depresión

La depresión es un conjunto de síntomas que incluyen ansiedad y tristeza. Hay muchas formas de depresión, pero en todas esas formas, el denominador común es la tristeza. Una tristeza excesiva, profunda, incomprensible para quien no la padece.

La ansiedad forma parte de los síntomas de la depresión en forma de inquietud y de malestar con uno mismo, como culparse no solamente de la pérdida del objeto, sino del dolor que está causando a sus seres queridos con su actitud, de la que se siente absolutamente incapaz de librarse. Y la culpa ya sabemos que es el mayor generador de ansiedad que ataca al ser humano.

Recomendaciones

Hay que tener en cuenta que existen también trastornos depresivos de origen biológico, es decir, que se producen a causa del déficit de alguna sustancia necesaria para el buen funcionamiento del organismo. Hay enfermedades fisiológicas, como la gripe, que producen síntomas de depresión. Otras veces, es la carencia de litio la que da lugar a un trastorno depresivo que puede ser sumamente grave. En tales casos, no hay más solución que el tratamiento médico porque el trastorno no obedece a una causa psicológica, sino que se trata de una depresión endógena.

Para la depresión de origen psicológico

La depresión psicógena, la que se genera en la mente por causas psicológicas, tiene tratamiento tanto psiquiátrico como psicológico. El tratamiento farmacológico puede reducir los estados de ansiedad que conlleva la depresión y, además, es capaz de fortalecer la respuesta de la mente ante los pensamientos dolorosos que invaden e inundan al enfermo. Esa historia depresiva que bloquea la entrada a pensamientos o intereses beneficiosos se puede desbloquear con el tratamiento adecuado.

Esa tendencia obsesiva hacia pensamientos y recuerdos dolorosos que el enfermo no es capaz de rechazar se puede combatir con un tratamiento médico que le proporcione armas y defensas para luchar contra la invasión del dolor, de la culpa y de la ansiedad.

La psicoterapia puede también modificar la respuesta inadecuada al dolor y proporcionar a la mente las herramientas precisas para defenderse de la culpa, que es la productora de ansiedad y de pensamientos suicidas.

Manía

La depresión tiene una cara oculta con la que a veces alterna. Es la manía. La manía es el estado de ánimo opuesto a la depresión, en que la persona se siente excesivamente eufórica sin motivo alguno y su alegría contrasta brutalmente con la tristeza de los períodos de depresión.

La manía es, pues, la vivencia inversa a la depresión, en que la persona se siente llena de vida y de energía y emprende numerosas actividades, todas a un tiempo o en una secuencia apretada, en que tan pronto termina una cosa, está ya iniciando otra.

La manía produce una euforia y un optimismo exagerados, con sentimientos de omnipotencia. Quien la sufre puede no ver siquiera la posibilidad de errar, de fallar o de que algo le salga mal y así puede emprender negocios ruinosos, con la seguridad de alcanzar fama y dinero en poco tiempo.

En la manía, el pensamiento se acelera y es imposible verbalizar todo lo que viene a la cabeza, porque las ideas fluyen a toda velocidad y se sustituyen unas a otras. Quien la padece habla de mil cosas y salta de un tema a otro con gran velocidad, casi siempre sin terminar de hablar del anterior y a veces sin terminar siquiera una palabra para empezar otra.

Aparentemente, el enfermo de manía rebosa alegría, vitalidad, salud y optimismo, pero, en realidad, esta es, como hemos dicho, la otra cara de la depresión que puede reaparecer en cualquier momento.

La manía engaña muchas veces a las personas que rodean al enfermo. Por eso, a veces se oye comentar de alguien que se ha suicidado recientemente:

–Si estaba estupendamente, si ya se le había pasado la depresión.

No se había curado la depresión, sino que se había hecho tan profunda e intolerable que el enfermo había huido para refugiarse en el polo opuesto. Y, desde lo más alto de la euforia, pudo caer en picado hacia la sima profunda de la depresión y matarse al no poderla soportar.

No es lo mismo caer en el abismo de la depresión desde un estado de ánimo normal, que caer desde las alturas inconmensurables de la manía. El golpe es mucho mayor.

Recomendaciones

Los profesionales ofrecen consejos muy prácticos para ayudar a las personas que sufren depresión. Recomiendan tratar de comprender el comportamiento del enfermo (comprender, nunca juzgar), animarle sugiriéndole metas cortas y fáciles que no le produzcan frustración y eleven su autoestima, hacer lo posible por reforzar esa autoestima y, sobre todo, su independencia, y ayudarle a identificar sus problemas.

También advierten de lo que nunca hay que hacer frente a un caso de depresión, como reproches, juicios o evitar quitar importancia a la situación.

La revista *Psicología-Online*[11] ofrece artículos muy interesantes y valiosos en su página web, con recomendaciones para ayudar a un amigo con depresión o, incluso, a una persona que no quiere dejarse ayudar.

Siempre, además de la ayuda familiar o amistosa, es imprescindible recurrir a la ayuda profesional, a través del médico de Atención Primaria, para obtener el tratamiento adecuado psiquiátrico y psicológico.

El suicidio

El suicidio es, según el Centro de Neurología

---

11 Pradas Gallardo, Claudia, "Cómo ayudar a un amigo con depresión", en Psicología-Online, 4 de julio de 2018. www.psicologia-online.com

Avanzada, la causa de muerte no natural más frecuente en nuestro país. El riesgo de suicidio se multiplica por 20 en los casos de depresión y, por 33, en los casos de trastornos alimentarios como la anorexia y la bulimia nerviosas. Otras situaciones de riesgo son las pérdidas laborales o sociales. Últimamente, los medios de comunicación informan de numerosos casos de suicidio llevados a cabo por adolescentes, víctimas de acoso escolar o de acoso en las redes sociales. Asimismo se producen casos de suicidio en personas que sufren disforia de género, a las que no se ofrece una solución válida.

También hay que tener en cuenta los antecedentes familiares porque puede haber información genética transmisible que conduzca al suicidio en tales situaciones[12].

La ansiedad que acomete a quien padece depresión se incrementa hasta lo infinito con la incomprensión de la sociedad que no entiende lo que el deprimido padece y tiende a minimizar y a frivolizar su malestar, con consejos inapropiados como "tienes que animarte", "si no te falta de nada", que apuntan directamente a ignorancia del consejero o, en casos peores, el estigma social que no entiende cómo alguien tan aparentemente mimado por la vida pueda

---

12 "El Centro de Neurología Avanzada activa una guía informativa con señales de alerta ante un posible suicidio", en Psiquiatria. com, 14 de diciembre de 2021.

sentirse deprimido y tacha su angustia de capricho o de falta de problemas reales.

La incomprensión y el estigma que la sociedad lanza sobre la persona deprimida trazan a su alrededor una muralla que se llena de lo que Augusto Barcaglioni llama "la fría sensación de desolación y desamparo"[13] y termina por convertirse en lo que Anxo Lugilde[14] llamó "un mal invisible con vocación asesina". Una vocación asesina de quien la padece.

El instinto de conservación ha hecho dar marcha atrás a más de un intento de suicidio. Pero, a veces, la intención suicida vence a este instinto y la conducta logra su fin.

- *La ideación suicida* son las ideas de la persona que piensa en matarse y organiza y planifica su suicidio, aunque nunca llegue a llevarlo a cabo. Hay gente que coquetea con la idea de suicidarse pero, afortunadamente, nunca se atreve a matarse, porque el instinto de conservación prevalece sobre la ideación suicida.

- *El intento de suicidio* es el acto de quitarse la vida sin lograrlo. Hemos visto a personas que se asoman a un precipicio o se encaraman a lo alto de un tejado para

13 Barcaglioni, Augusto, "La fría sensación de desolación y desamparo", en *Cognitio*, 13 de mayo de 2017.

14 Lugilde, Anxo, "La sociedad agrava la depresión con el estigma y la incomprensión", en Psiquiatria.com, 1 de octubre de 2021.

amenazar con suicidarse si no se les concede una petición. Eso es un chantaje, no un intento de suicidio. También hay personas que se toman un puñado de pastillas o se cortan las venas y corren a pedir auxilio. Eso es una llamada de atención, no un intento de suicidio. El verdadero intento de suicidio se queda en eso, en intento, exclusivamente porque algo falla, algo ajeno al suicida, que tenía verdadera intención de matarse.

- *El acto de quitarse la vida* es la consumación del suicidio. Aquí no se produce fallo alguno. Lo único que falla es el instinto de conservación.

La conducta suicida tiene también una base biológica con factores neurobiológicos y psicológicos. Pero es necesaria la existencia de un factor que precipite la acción suicida. En todo caso, la conducta suicida no es exclusiva de la depresión, sino que muchas veces aparece encuadrada en otras patologías.

La autodestrucción

A veces, el suicidio no es la acción estrepitosa de quitarse la vida de un disparo o con una sobredosis de barbitúricos. En ocasiones, es un lento deslizar hacia el anonadamiento y hacia la muerte. Este suicidio lento puede empezar por la droga, por el abandono de los intereses, por la apatía ante las cosas que antes importaban, es decir, por la autodestrucción. Uno se abandona, engorda, deja de asearse, deja de actuar, deja de interesarse, deja de cuidar su salud; hasta que muere o hasta que se embota su sensibilidad y deja de sentir. Así es como se autodestruye.

La destructividad es una tendencia peligrosa, porque induce a quien la padece a destruir cualquier objeto, situación o relación afectiva o social y, de una u otra forma, puede conducir a destruirse a sí mismo, mediante el suicidio o el abandono.

La autodestrucción que desemboca en el suicidio tiene casi siempre un trasfondo de autoodio, que es un sentimiento de repulsión hacia uno mismo equivalente a vivir con un maltratador o un acosador interno. Un acosador que critica, que juzga y que no perdona. Un maltratador que insulta, que menosprecia y que anula las posibilidades de crecer y desarrollarse como persona. Un verdugo que convence a su víctima no solamente de sus deficiencias, sino de que todo su entorno percibe esos defectos, por lo que no es digno de afectos, de amistades ni de simpatías.

La autodestrucción y el autoodio nacen y se alimentan de la baja autoestima. El único remedio para estos casos es el tratamiento profesional psicológico o psiquiátrico.

Recomendaciones

El intento de suicidio, cuando el fallo lo provoca el propio suicida, es una llamada desesperada de atención. La incapacidad para quitarse la vida en un momento dado no es siempre verdadero arrepentimiento, porque el pensamiento suicida puede persistir y volver en un momento en que la persona sufra un déficit de recursos para enfrentarse a su angustia y consiga anular los mecanismos defensivos que la naturaleza ha puesto en los seres vivos para mantener su vida y su integridad.

Nunca hay que subestimar la llamada de auxilio que se trasluce en palabras, frases, actitudes o comentarios, pero que no apuntan claramente hacia la intención de matarse.

Quitarse la vida no es fácil. Precisa un fallo del instinto de conservación, el mecanismo innato de mantener la vida, un reflejo que hace reaccionar ante el peligro de muerte. Y eso es tan grave como valorar la necesidad de acabar con el sufrimiento por encima de la necesidad de vivir.

Existen numerosas recomendaciones, ayudas y guías para quienes detectan una conducta o una ideación suicida en un familiar o en un conocido, como la *Guía para la prevención del suicidio para personas con ideación suicida y familiares*[15], la *Guía informativa para la detección*

---

15 consaludmental.org/publicaciones/Guiaprevencionsuicidio.pdf

y prevención del suicidio[16] y muchas otras. En todo caso, ante la mínima posibilidad de que alguien esté en peligro de quitarse la vida, lo más rápido y eficaz puede ser llamar al 112 y comunicarlo.

En abril de 2020, finalizó un ensayo de once meses de duración, que la Universidad Vanderbilt llevó acabo con 78.000 pacientes adultos, utilizando un programa de inteligencia artificial que se confirmó capaz de predecir el riesgo de suicidio[17].

Trastorno bipolar

Hay enfermos que presentan una etapa de depresión seguida de otra de manía. Ambos estados se suceden sin orden ni concierto y sin poder prever cuándo termina uno y empieza el otro. Se llama trastorno bipolar a esta patología que alterna la manía y la depresión.

Presentan los síntomas siguientes:

- Pasan súbitamente de la tristeza a la alegría sin causa visible. Son inestables emocionalmente. Nunca se sabe a qué atenerse con ellos. Cuando esperamos verlos rientes, aparecen deprimidos y angustiados y, cuando creemos que van a

---

16 www.cop.es/pdf/Guia-digital.pdf
17 "La inteligencia artificial predice el riesgo de suicidio", en Psiquiatria.com, 18 mar 2021.

echarse a llorar ante una mala noticia, se la toman a broma.

- Pasan de devorar el mundo a no servir para nada. Su inestabilidad afecta también a su autoestima y al concepto que tienen de sí mismos. Lo mismo se creen los mejores que se perciben como un despojo.
- Pasan sin motivo de sentirse fuertes, capaces de hacer cualquier cosa, optimistas y arrolladores, a sentirse débiles, pesimistas e incapaces de realizar una tarea. No es posible mantener con ellos proyectos estables ni comprometerse a actividades duraderas.
- Pueden arriesgarse a proyectos descabellados o dejar de lado actividades que se desarrollaban normalmente. Es peligroso dejarles tomar decisiones de cierta importancia.

Recomendaciones

El trastorno bipolar precisa muchas veces someterse a un tratamiento médico de por vida, para mantener bajo control la alteraciones del ánimo. Y hay que mantenerlo a raya porque, si en la depresión hay riesgo de suicidio, en la manía hay riesgo de embarcarse en cualquier actividad descabellada que le cueste la ruina, la salud, la libertad o la vida al enfermo o a otros. El maníaco vive una fiesta continua, pero esa fiesta no existe más que en su humor.

A partir del diagnóstico de la enfermedad, los familiares y amigos de la persona afectada pueden colaborar a la mejora de su estado. Una de las funciones de la familia es conseguir que el enfermo siga el tratamiento prescrito por el médico. A veces, no es fácil, porque el enfermo, si está en fase depresiva lo ve todo negro, quiere morirse y no tiene interés por el tratamiento, y, si está en fase maníaca, lo ve todo rosa y no encuentra necesario tomar fármaco alguno, porque se encuentra estupendamente. Entre el veinticinco y el cincuenta por ciento de los pacientes bipolares que reciben tratamiento psicofarmacológico no cumplen con el régimen terapéutico.

Pero el tratamiento psicofarmacológico no lo es todo. Es necesario aplicar también un tratamiento psicológico que modifique la conducta del enfermo para que no haya recaídas. La terapia cognitivo-conductual va encaminada a modificar no sólo la conducta, sino los conceptos y percepciones del paciente.

Hay programas terapéuticos que incluyen la formación de los pacientes y familiares en las particularidades de la enfermedad y en la necesidad y funciones del tratamiento. También enseñan a identificar los síntomas tempranos para atajarlos antes de que avancen. La psicoterapia enseña a los enfermos a hacer frente a las situaciones que generan sus crisis y muestra a las familias la mejor manera de ayudar al tratamiento.

Desolación

La desolación es esa sensación de falta de consuelo que experimentamos cuando la vida nos hiere con hechos que rebasan nuestra capacidad de tolerarlos.

Es uno de los sentimientos más dolorosos que existen y que muchas veces se asocia o se confunde con la soledad, con la que nada tiene que ver. La soledad no tiene por qué ser negativa si nos amamos y comprendemos a nosotros mismos. Si no es así, la soledad se puede volver intolerable porque vivimos con alguien a quien no amamos o no toleramos, que somos nosotros mismos. Y entonces sobreviene la desolación, el desconsuelo, el abandono y se hace presente la ansiedad.

Hace dos siglos, doña Concepción Arenal escribió que un hombre solo se siente débil y que lo es.

La clínica de la soledad apunta a un componente biológico y es que somos naturalmente gregarios, porque hemos evolucionado a lo largo de la historia a base de compañía, de pertenencia a grupos o a clanes que nos han protegido y nos han enseñado. Y, de alguna manera, nuestra genética guarda un recuerdo de tiempos en que la soledad y el aislamiento se asociaban incuestionablemente al peligro y a la muerte.

La desolación puede llegar sin soledad, pero siempre con ansiedad, porque es uno de los componentes de su cortejo. Porque la desolación no depende de la soledad que sentimos, sino de la soledad que percibimos, aunque vivamos rodeados de personas e incluso abrumados por la muchedumbre.

Por tanto, esa falta de consuelo y esa sensación de abandono proceden de una soledad sentida que no es vivida, sino percibida, porque la muchedumbre que nos rodea nos ha abandonado psicológica y/o afectivamente, aunque continúe agobiándonos con su existencia.

La ansiedad en la desolación

En la desolación, la ansiedad es la respuesta al pánico ante un peligro inminente del que nadie nos puede salvar y que nadie comprende porque nadie más que nosotros lo percibe y a nadie más que a nosotros importa. Hemos de enfrentarnos inermes y sin apoyo a la vida que se ceba en nuestra debilidad y en nuestra falta de apoyos.

La desolación se presenta muchas veces en la situación desesperada de la persona que ha puesto sus valores y sus objetivos en la ilusión vana de pertenecer a un grupo o a una organización exigente e inmisericorde que solamente acepta a los ganadores y a los que tienen algo muy importante que ofrecer.

En ocasiones, esto se da en trabajos o situaciones sociales, políticas o profesionales en los que priman la codicia, la avidez por el poder o por el dinero, el prestigio y el encumbramiento. La desolación es el castigo de quien se acerca a tales lugares con la esperanza de alcanzar lo inalcanzable y se deja vencer por la seducción de la pompa de jabón que castiga a quien la rompe.

Augusto Barcaglioni habla de la enfermedad que produce el vacío cuando el seducido ve desaparecer los contenidos fugaces que la ilusión le presentó como veraces y duraderos. Es la ansiedad, la amargura y la angustia del vacío total.

En sus *Reflexiones sobre psicología,* Rocío Arocha define la desolación como "estar sin mí". El vacío más terrible que se puede sufrir[18] porque es como la riqueza que hemos depositado en bancos que no somos nosotros mismos. Y nos hemos perdido con ella.

Recomendaciones

Esta autora recomienda aprender a vivir en soledad, para que la soledad no se convierta al-

---

18 Arocha, Rocío, "Reflexiones sobre psicología", en rocioarocha. com/category/reflexiones-de-psicologia/

gún día en desolación; para que la compañía en la que hemos depositado todo lo nuestro no nos abandone ni nos sorprenda con la decepción.

Para desarrollar la capacidad de vivir en soledad, Rocío Arocha aconseja practicar el estar con uno mismo durante unos minutos, a solas y sin estímulos externos. Se puede iniciar en casa o en un paseo de diez minutos e ir ampliando el tiempo cada día. Hasta que llegue el momento en que se perciba la soledad como un derecho inalienable y no como una condena a la desolación.

Esto requiere un sentimiento de afecto por nosotros mismos. La necesidad de compañía muchas veces oculta la incapacidad para sentirnos a gusto con nosotros mismos, es decir, la falta de amor hacia nuestra propia persona.

Estrés

Estrés es la traducción de una palabra inglesa, *stress*, que se traduce por tensión; en el caso que nos ocupa, es tensión psicológica que afecta también al organismo.

El estrés, como el colesterol, puede ser bueno o malo, es decir, positivo o negativo. El estrés positivo es el que nos pone en marcha, el que nos activa y nos conduce a conseguir una finalidad.

- El estrés es una respuesta ante una situación en que el equilibrio del ser vivo se ve amenazado por un acontecimiento ambiental o biológico.
- El estrés es un exceso de carga que depende tanto de las características de la situación como de los recursos del individuo para enfrentarse a él.
- El estrés es positivo cuando el individuo entiende que las consecuencias de la situación van a ser beneficiosas para él, por ejemplo, el estrés que genera una situación de examen o el enfrentarse a una selección de personal.
- El estrés es negativo cuando el individuo entiende que las consecuencias de la situación van a ser perjudiciales para él, por ejemplo, el estrés que genera el aviso de una inspección de Hacienda.

Se llama estresores a los acontecimientos que implican un riesgo severo para la vida o la integridad del organismo, como las catástrofes o la exposición a un tipo de amenaza. Al igual que el miedo, esos acontecimientos pueden ser reales o imaginados. A veces, reaccionamos ante una situación incómoda como si fuera una situación límite, porque no percibimos la amenaza real, sino amplificada. El ejemplo de la inspección de Hacienda es conocido; una situación real de incomodidad, búsqueda, papeleo, alegaciones o multa, que se puede convertir en una amenaza percibida como la cárcel o la ruina.

El estrés no solamente afecta al cerebro, sino a todo el organismo, porque nuestro cerebro percibe todo lo que puede ser amenazador, ya sea físico o psicológico y genera una serie de respuestas para defendernos de la amenaza, aunque la amenaza no se haga efectiva.

Esas respuestas pueden causar daño a uno o más sistemas de nuestro organismo, como el sistema inmunológico o el sistema nervioso autónomo; de ahí que pueda acarrear enfermedades fisiológicas y no solamente psicológicas, porque la respuesta del organismo a la situación estresante se puede somatizar, es decir, convertirse en un trastorno fisiológico. Por ejemplo, algunas alergias pueden surgir a raíz de una situación de estrés, porque el sistema inmunológico deja de proteger al organismo frente a alérgenos hasta entonces desapercibidos.

El estrés es, por tanto, una tensión psicológica que se somatiza para convertirla en rigidez muscular, dolores, calambres estomacales, contracturas o incluso alergias, como hemos comentado, así como accidentes cardiovasculares.

El estrés como sufrimiento

Daniel López Rosetti, célebre cardiólogo argentino especialista en el diagnóstico y tratamiento del estrés, entiende el estrés como sufrimiento y aconseja un abordaje multidisciplinar para el tratamiento de este trastorno, en términos médicos, psicológicos y filosóficos, porque asegura que "la filosofía es la mejor frontera para vivir lo mejor posible"[19].

El doctor López Rosetti identifica el estrés crónico con un estado de inflamación crónica que, aunque en un grado bajo, genera gran número de episodios cardiovasculares que solamente se pueden explicar a partir de situaciones sociales. Además, hasta que se manifiesta el incidente cardiovascular, el paciente vive en continuo sufrimiento.

Este autor recuerda que, hace treinta años, la palabra "estrés" no aparecía en los artículos científicos, pero sí abundaba la palabra "ansiedad", que, en algunos casos, se ha llegado a utilizar como sinónimo. Sin embargo, el estrés, como hemos visto, es mucho más que la ansiedad. El doctor López Rosetti prefiere homologar la palabra "estrés" con la palabra "sufrimiento".

Estrés postraumático

El estrés postraumático es un síndrome que se presenta tras vivir situaciones límite como las guerras, las agresiones, las catástrofes o las epidemias.

---

19 Abud Fuente, Celina, "Entrevista al doctor Daniel López Rosetti", en IntraMed, 3 de abril de 2023.

El estrés postraumático se manifiesta con una sintomatología que incluye síntomas tales como revivir la situación dolorosa, que es un regreso emocional para volver a vivirla con todo el dolor que en su momento produjo. Se da con frecuencia en las neurosis de guerra, cuando, pasado algún tiempo, muchas personas reviven momentos de peligro o dolor extremo. Lo hemos visto en personas que han padecido una enfermedad grave y/o han sufrido una situación límite hospitalaria.

Una respuesta al estrés postraumático puede ser la evasión, que es una huida de las situaciones que pueden recordar lo anteriormente vivido con dolor y con angustia. Y otra respuesta puede ser la hipervigilancia, que es la compulsión a vigilar constantemente la posibilidad de que vuelva a producirse la situación traumática.

A esto hay que unir los pensamientos, los recuerdos, los posibles remordimientos y sentimientos de culpa derivados de la situación causante del trauma.

La ansiedad en el estrés

Podría decirse que el estrés es ansiedad somatizada. Somatizar es, como ya sabemos, convertir un proceso psicológico en fisiológico y, probablemente, el ejemplo más conocido es el estrés.

El estrés, entre otras cosas, suele producir contracturas musculares. Por ejemplo, a veces, la ansiedad imprime una postura corporal defensiva no consciente, en la que la persona mantiene los codos doblados, los hombros levantados y las manos como dispuestas a asir algo. Esa postura llega a producir contracturas muy dolorosas en los hombros y en el cuello.

El término "psicosomático" se refiere a un proceso de origen psíquico que influye sobre el soma, el cuerpo, mientras que somatopsíquico se refiere al proceso contrario, en que es el cuerpo el que influye sobre el psiquismo.

El mejor ejemplo de proceso psicosomático es la ansiedad que se genera en la mente ante una situación estresante y se traslada al cuerpo para producir gases, dolores, náuseas, temblores o dificultad respiratoria. Un ejemplo del proceso somatopsíquico es la relajación corporal que se traslada al psiquismo para aliviar emociones negativas, como la angustia o el estrés.

El estrés, como vemos, es el mejor ejemplo de la relación estrecha entre el cuerpo y la mente y de cómo el cuerpo refleja el malestar de la mente y somatiza la ansiedad. Incluso, a veces, es tan elevado que se percibe a nivel neurológico y genera convulsiones a las que los neurólogos llaman pseudocrisis convulsivas.

Recomendaciones

Antes de ofrecer sus recomendaciones en la forma que él llama recetas que no se expenden en las farmacias, el doctor Daniel López Rosetti nos recuerda una frase de Buda:

El dolor es inevitable, pero el sufrimiento es optativo.

Lo que conviene aprender

No podemos evitar el dolor, pero sí podemos hacer algo por evitar que el sufrimiento (recordemos que se refiere al estrés) se cebe en nuestro organismo o en nuestra mente y se consolide en nuestro cuerpo.

Mediante la ayuda profesional que siempre es recomendable para cualquier trastorno, la receta del doctor López Rosetti incluye aprendizajes tan lógicos e importantes como:

- Saber decir que no.
- Reconocer y gestionar los pensamientos distorsionados.
- Vivir el momento presente, el aquí y ahora.
- Tener en cuenta la alimentación.
- Practicar la meditación y la actividad física.
- Llegar a diferenciar lo que uno es capaz de controlar y lo que no, puesto que no siempre depende de la persona que sufre, sino de su circunstancia social.

Escuchar al cuerpo

En su libro *Una mente con mucho cuerpo*[20], la neurocientífica clínica Rosa Molina explica que el estrés no solamente se produce en la mente sino en el cuerpo, porque el cerebro está encargado de hacer funcionar el cuerpo de la mejor manera posible y entre ambos hay un nexo indeleble, por lo que cada uno refleja de alguna manera lo que sucede en el otro.

Por tanto, la mejor forma de prevenir el estrés y muchos otros trastornos, ya sean físicos o psicológicos, es escuchar a nuestro cuerpo, ya que todo cuanto sucede en él reverbera en el cerebro a través de receptores especializados en captar estímulos procedentes de los órganos, los sentidos, los músculos, los nervios y todos los aparatos y sistemas que se alojan en nuestro interior.

Eso significa no solamente que los procesos psicológicos se liberan a través del cuerpo sino que todos podemos incidir en nuestro cerebro a través de nuestro cuerpo, mediante el ejercicio físico, la relajación, la técnica de *mindfulness* o el contacto con personas o animales.

Esta capacidad requiere prestar atención a cuanto sucede dentro de nosotros, como un dolor, un malestar, una sensación o un calambre; y también a cuanto sucede en nuestra mente, como un temor, una emoción o un desconcierto.

---

20 Molina, Rosa, Ediciones Paidós, Madrid, 2021.

La relación entre la mente y el cuerpo se explica con mayor claridad a través del estrés, porque es un estado de ansiedad que produce cambios biológicos en el organismo, puesto que la ansiedad que se genera en la mente se convierte en procesos químicos en el cuerpo, los cuales, a su vez, generan procesos físicos bien conocidos, como dolores de cabeza, hipertensión, palpitaciones, mareos, náuseas, dermatitis, calambres estomacales, cólicos y las archiconocidas contracturas musculares, además de los graves incidentes cardiovasculares que hemos mencionado.

Prestar atención a todo esto nos puede ayudar a identificar las situaciones, acciones o actitudes que hacen daño a nuestro cuerpo y a nuestra mente. Porque ese daño se puede convertir en crisis de ansiedad en cualquier momento inesperado que nada tenga que ver con lo que produjo el daño en su día.

La sobrecarga

Cuando el estrés se produce por una sobrecarga de preocupación, nuestro cerebro se resiente, por lo que es importante elegir una sola tarea en lugar de tratar de ser polivalente y ocuparse de varias tareas a la vez.

Nunca debemos olvidar que el ser humano es monotarea y que intentar cumplir varios cometidos al mismo tiempo supone un bombardeo para el cerebro y un déficit en la atención, puesto que no es posible centrar el foco de la atención en varios objetos a la vez, sino que el hecho de abordar varias tareas supone pasar la atención de una a otra, abrumando al cerebro con un exceso de información y perdiendo información en el camino de correr de una tarea a otra, con la consiguiente reducción de calidad en los resultados.

Tampoco olvidemos que, al igual que sucede al organismo humano, los sistemas informáticos, eléctricos o electrónicos se bloquean cuando sufren sobrecarga.

Andrés Pascual, que es director del programa de bienestar corporativo de la Universidad Internacional de La Rioja, aconseja abordar poco a poco las obligaciones pendientes, con pequeños pasos, para iniciar las tareas de forma paulatina de manera que el cerebro no se bloquee.

Ante el torrente de obligaciones que nos abruman a veces, es conveniente evaluar y distinguir las más apremiantes de las que se pueden posponer, según su nivel de urgencia y dificultad, combinando así dichas variables: urgencia y dificultad.

Dividir las obligaciones

Carlos Royo, profesor de Dirección de Personas y Organizaciones en Esade, sugiere la siguiente división[21]:

- Nivel de urgencia y de dificultad altos. Tareas y ocupaciones que hay que atender cuanto antes y que no se pueden posponer.
- Nivel de urgencia alto y de dificultad bajo. Urgencias que surgen y que son ineludibles.
- Nivel de urgencia bajo y de dificultad alto. Tareas importantes, pero que pueden planificarse con tiempo.

Si, después de este análisis, resulta imposible prescindir de algunas actividades, se debe a que esas tareas se han convertido en rutinas asumidas que nunca se cuestionan. Por eso, es preciso replantearse todo.

Angustia

Angustia viene de *angst*, una palabra que, en alemán, significa miedo. La angustia es, por tanto, temor, miedo ante un castigo merecido por una acción reprobable, aunque esa sensación de castigo o de merecimiento no se conciencien. Es decir, la angustia es un temor flo-

---

21 "Estrategias para gestionar el tiempo eficientemente y reducir el estrés", Psiquiatria.com, 1 de noviembre de 2021, http://psiqu.com/2-65917

tante ante una amenaza desconocida, que no se sabe de dónde procede ni cómo eludirla.

Ese temor flotante a algo desconocido al que llamamos angustia presenta síntomas físicos, como palpitaciones o dificultad respiratoria. Si preguntamos cuál es el motivo de la angustia, quien lo sufre no suele saberlo e incluso aduce que no tiene problema alguno. Es una reacción de temor ilógico ante algo desconocido, que no puede expresarse con palabras.

El temor mágico a un objeto inocuo o imaginario, como un fantasma, un vampiro o un monstruo inexistente, es un temor obsesivo y recurrente a un objeto que, como hemos dicho, no existe o es inofensivo. Algunos niños lo sufren en forma de terrores nocturnos y algunos adultos lo padecen en forma de angustia fóbica.

La angustia fóbica puede ser incapacitante cuando el objeto temido forma parte del entorno de la vida cotidiana. Por ejemplo, el pánico a encontrarse en un espacio abierto amplio o en un espacio cerrado con mucha gente puede impedir a una persona desarrollar una vida normal, porque sus temores limitan su actividad incluso laboral.

Recordemos que la fobia se diferencia de la angustia en que la angustia no tiene un objeto fijo, sino que es flotante, mientras que la fobia tiene un objeto que produce pánico, como las serpientes o los ascensores.

La angustia está íntimamente relacionada con la ansiedad y muchas veces es el mismo malestar, como en el caso de ansiedad flotante o generalizada, que hemos citado anteriormente.

La ansiedad en la angustia

La ansiedad y la angustia son prácticamente lo mismo, miedo en un grado más o menos elevado. Aunque muchos autores las identifican como el mismo síntoma, otros señalan una diferencia entre ambas. En la angustia, el miedo tiene un objeto situado en un futuro más o menos próximo, es decir, la angustia supone temor a que suceda algo, algo que puede ser inespecífico, una amenaza de algo terrible que puede suceder en cualquier momento. En la ansiedad, la amenaza se hace presente, flota en el ambiente y no hay un objeto concreto en que centrarla.

Para otros autores, la diferencia entre la ansiedad y la angustia es cuantitativa. La ansiedad es una reacción defensiva del organismo, para ponerse a salvo de una situación amenazante, mientras que la angustia es una respuesta de pánico desmesurado y desproporcionado al posible peligro.

En todo caso, lo que nos interesa es identificar el malestar que nos invade para aplicar el posible remedio, siguiendo las recomendaciones que se indican en este libro para cada caso y, en casi todos ellos, acudiendo a un profesional.

Ansiedad social

La ansiedad social es un trastorno en el que la persona anticipa una acogida negativa por parte de un grupo en una situación social y se carga de ansiedad y malestar. El temor al rechazo, a la burla o a la humillación puede fundarse en una situación previamente vivida o no.

Este trastorno se presenta con mayor frecuencia en situaciones de examen, en las que la persona debe presentar un trabajo, solicitar un puesto laboral o pedir algo como un crédito o una ayuda. En tales casos, quien sufre este malestar debe ser evaluado por otros y su carga de ansiedad se debe a que supone previamente que le han de evaluar de forma negativa, calificándolo de incapaz, sin méritos o sin valores.

El diagnóstico de la ansiedad social incluye los síntomas siguientes[22]:

- Ansiedad intensa ante una o más situaciones sociales, que anticipa, y en las que ha de someterse al juicio de otros, como mantener una conversación o una reunión con desconocidos, actuar ante otros, etc.
- Evitar las situaciones sociales o soportarlas con temor o ansiedad intensos.
- La ansiedad o el temor son despropor-

22 Leichsenring, Falk; Leweke, Frank, "¿Qué es el trastorno de ansiedad social?", en IntraMed, 2 de julio de 2017.

cionados a la amenaza que plantea la situación social.

- La ansiedad, el temor o la evitación son persistentes y duran al menos seis meses.

- La ansiedad, el temor o la evitación causan malestar y deterioro en lo social, laboral y otros aspectos importantes del funcionamiento de la persona.

- La ansiedad, el miedo o la evitación no se pueden atribuir a los efectos fisiológicos del empleo de sustancias ni a otra afección médica.

- Tampoco se pueden atribuir a afecciones como enfermedad de Parkinson, obesidad o desfiguración debida a quemaduras u otras lesiones.

- Si la ansiedad o el miedo solamente se presentan a la hora de hablar o actuar en público, el trastorno es ansiedad de actuación o pánico escénico.

Recomendaciones

El doctor Frank Leweke, terapeuta especialista en medicina psicosomática, advierte de la reticencia de las personas que sufren ansiedad social a acudir al médico y, de hacerlo, el motivo suele ser cualquier otra dolencia, sin mencionar este trastorno.

Pero el tratamiento realmente efectivo es la psicoterapia cognitiva conductual y, para las personas que no acceden a someterse a ella, existe un tratamiento farmacológico muy eficaz. Los profesionales de Atención Primaria deben ser el primer paso para abordar este sufrimiento que puede derivar en una depresión grave.

Ansiedad generalizada

Hemos dicho que, en la ansiedad, son tantas las áreas cerebrales que se activan, que se llega a perder la coordinación entre ellas y, de ahí la dificultad para intelectualizarla y controlarla.

Por eso, el trastorno de ansiedad generalizada se caracteriza por un nivel de ansiedad muy elevado que se siente como algo incontrolable. Este trastorno puede ser sumamente grave, hasta el punto de dar lugar a suicidio o a incapacitación. La conducta suicida se produce cuando se aúnan la desesperanza y la desolación, porque la desesperanza es un componente de la depresión, mientras que la desolación es un componente de la ansiedad.

La ansiedad generalizada es un malestar constante que convierte en agonía casi todos los momentos de la vida de quien lo padece.

Las reacciones de ansiedad pueden resultar imprevisibles, porque todo depende del grado que sufra el paciente. Una persona con un ataque de ansiedad puede quedar paralizada, agitarse de forma más o menos intensa o presentar síntomas físicos. Un ataque de angustia puede llevar a una persona a actuar de forma inesperada. El síndrome de abstinencia que conocemos como "mono" es un estado de ansiedad que lleva a veces a quienes lo padecen a robar o incluso a matar por conseguir la sustancia que los librará de su malestar.

El trastorno de ansiedad generalizada se caracteriza además por una preocupación excesiva que el enfermo siente como algo incontrolable. Hay casos leves de ansiedad generalizada en personas sanas preocupadas o con tendencia a la preocupación. Pero la gravedad empieza en el momento en que esa preocupación interfiere en la vida cotidiana de la persona, porque le impide mantener estabilidad para centrarse en una actividad.

Ansiedad generalizada vs. tendencia a la preocupación

Ante todo, conviene distinguir el trastorno de ansiedad generalizada de la tendencia a la preocupación. Por ejemplo, alguien que emprende un negocio se preocupa por el éxito. En la ansiedad generalizada, quien inicia el negocio padece una enorme preocupación temiendo su inminente ruina, cuando todo apunta a que las cosas pueden salir bien o, al menos, no hay indicio alguno de posible ruina ni fracaso.

Uno de los mayores problemas que experimenta la persona es su incapacidad para controlar esa preocupación, aunque llegue a tomar conciencia de que no tiene fundamento, pero no le es posible evitar la sensación de fracaso, el temor y la angustia. Suele presentar los siguientes síntomas:

- Inquietud. A veces se verbaliza como "tengo los nervios de punta".
- Cansancio. La persona se fatiga fácilmente.
- Dificultad para concentrarse.
- Irritabilidad.
- Dolores de cabeza y a veces temblores producidos por tensión muscular y contracturas musculares.
- Dificultad para conciliar el sueño. La persona tarda en dormirse, se despierta con angustia y no logra volver a dormir o duerme menos de lo necesario.
- Sudoración, palpitaciones, dificultades respiratorias.
- Náuseas, vómitos, diarreas, dolores intestinales.

La crisis de ansiedad

La crisis de ansiedad se llama también ataque de pánico y es un episodio de miedo o ma-

lestar intensos, acompañado de al menos cua-
tro de los síntomas siguientes:

- Palpitaciones.
- Temblores.
- Sudores.
- Dificultad para respirar.
- Opresión en el pecho.
- Náuseas o molestias abdominales.
- Mareo.
- Hormigueo o entumecimiento.
- Escalofríos o sofocos.
- Temor a descontrolarse.
- Miedo a morir o a enloquecer.

El ataque es más severo durante los pri-
meros 10 minutos. La mayoría de las veces, el
examen médico no encuentra mal alguno. Parece como si el enfermo hubiera soñado lo que
hubiera sucedido y, sin embargo, es una de las
vivencias más traumáticas que existen.

La crisis de ansiedad se puede presentar
ante numerosas situaciones estresantes, como
los exámenes, una separación, un viaje, una
desgracia, un problema laboral, una fobia, etc.

Recomendaciones

La crisis de ansiedad o ataque de pánico
debe tratarse. No es "cosa de nervios", ni algo
que "se pasará cuando" concurra esa circuns-

tancia que parece que tiene una connotación mágica curalotodo.

Si es leve, puede aplicarse un tratamiento psicológico, pero, si es grave, será preciso añadir la medicación que señale el especialista. En todo caso, es necesario tratarlo porque, de lo contrario, se cronifica y entonces se convierte en lo que llamamos trastorno de pánico.

Los expertos señalan que es preciso establecer un diagnóstico diferencial en los trastornos por ansiedad, porque son distintos en cada caso y obedecen a diferentes causas.

Los trastornos por ansiedad se evalúan habitualmente de forma ambulatoria, a menos que haya riesgo de suicidio o se presenten síntomas graves. Los tratamientos a aplicar se basan en psicoterapia cognitiva conductual que permita a los pacientes enfrentarse a las situaciones que generan su malestar. También se aplican terapias psicodinámicas combinadas con terapias farmacológicas.

Los resultados de estas terapias combinadas son superiores a las que se alcanzan con terapia únicamente farmacológica o psicológica[23].

Lo indispensable, por tanto, es acudir al médico de Atención Primaria, quien valorará el trastorno y remitirá al paciente al especialista adecuado.

23 Bandelow, B.; Lichte, T.; Beutel, M. *et al*, "El abordaje de los trastornos de ansiedad debe ser específico", en IntraMed, 24 de febrero de 2019.

Capítulo III

Cuando la naturaleza reclama lo suyo

Ahora que, más o menos, sabemos qué es la ansiedad y los signos con los que se manifiesta, debemos preguntarnos por qué se produce, por qué se nos viene encima y por qué no podemos controlarla.

La ansiedad es un síntoma, una respuesta de nuestro organismo, como hemos indicado, y es como uno de esos fenómenos de la naturaleza que existen, que permanecen latentes y que de repente se expresan con más o menos virulencia, sin que lleguemos a comprender por qué aparece ahora, precisamente ahora, por qué ha estado adormecido durante tanto tiempo y por qué no podemos prevenirlo ni acabar con él.

Es algo similar a lo que sucede con los terremotos, con las inundaciones, con las erupciones volcánicas o con las terribles sequías. La naturaleza es irreductible, por mucho que nos empeñemos en reducirla y, de la misma manera que no podemos obligar a un río a cambiar de itinerario porque el día menos pensado decide recuperar lo suyo, tampoco podemos obligar a nuestro cerebro a eludir el malestar y a dejarlo a un lado como si no nos afectara porque, también, el día menos pensado, decide recordarnos que aquello sucedió y que no es posible olvidarlo ni eliminarlo.

Esto no se produce por un capricho de la naturaleza, ya se trate de la naturaleza en general o de la naturaleza humana, sino que tiene lugar cuando se dan una serie de circunstancias que ponen en marcha eso que llamamos decisión de reclamar lo suyo.

Y es que la naturaleza se comporta igual con todos y en todos los casos. A la naturaleza le es indiferente que seamos hermosos, felices, ricos o desgraciados. A la naturaleza le es indiferente que el río arrase una urbanización situada en su cauce, que el mar se trague una edificación erigida en su orilla o que intentemos encubrir nuestros disgustos con mecanismos defensivos. Cuando llega el momento de la verdad, la naturaleza exige y vela por la supervivencia del río, del mar, de la tierra o de nuestro organismo y esa supervivencia tiene un coste. El río desviado, el mar retenido, los recuerdos enterrados o los sentimientos aherrojados reclaman lo suyo, porque ni la tierra sobrevive si no expulsa sus demonios soterrados ni el organismo sobrevive si no desaloja sus venenos.

Comparar la naturaleza humana con la naturaleza en general tiene un objetivo en el que encontramos la comprensión de lo que nos sucede y es que, al fin y al cabo, somos naturaleza, somos moléculas, somos química disuelta en agua. Y lo mismo que la naturaleza se estresa y explota por donde puede, así nosotros nos estresamos y estallamos por la parte más débil que es por la que podemos explotar.

Las pesadillas

En ocasiones, las pesadillas tienen algo que enseñarnos respecto a estos procesos de los que estamos hablando.

Es frecuente que una digestión pesada, una cena abundante y tardía dé lugar a pesadillas, porque la actividad digestiva reactiva la actividad cerebral y el cerebro recibe constantemente señales de malestar que le llegan del estómago o el intestino, interpretándolas en el sueño como malestar psíquico. Es este un malestar que el cerebro concreta en imágenes o situaciones tan angustiosas que a veces no es posible continuar durmiendo y nos despertamos con un ataque de ansiedad.

A veces, es posible evitar esos malos sueños dando al cerebro la orden clara y repetida de no percibir pesadilla alguna, repitiendo esa orden antes de dormir. No percibirla no significa que no se produzca, sino que no la llegamos a concienciar ni, por tanto, a recordar.

Las neurociencias nos enseñan que el sueño, es decir, los sueños, producen una alteración de conciencia en la que nuestro cerebro dormido puede construir historias imaginadas y responder emocionalmente a ellas[24].

Las neurociencias analizan los sueños desde un punto de vista práctico, para averiguar de qué nos sirve soñar, ya que se entiende que la naturaleza nos ha provisto de funciones y procesos encaminados a la preservación de nuestra integridad y a la de nuestra especie. Por tanto, los sueños tienen que tener alguna función útil en ese sentido.

El sueño se ocupa de retener selectivamente los recuerdos emocionales y, a veces, guarda solamente los componentes emocionales de una escena vivida, dejando que otros recuerdos u otras partes de la misma escena se disipen.

Mientras soñamos, nuestro cerebro identifica las asociaciones que existen entre los recuerdos recién formados el día anterior, o más antiguos, y crea una historia con esos recuerdos que puede generar una emoción positiva o negativa. Si esa emoción se produce, nuestro cerebro etiqueta la asociación de esos recuerdos como valiosa y la consolida para que podamos disponer de esa asociación durante la vigilia. Eso significa que podemos recordar el sueño al

24 Stickgold, Robert; Zadra, Antonio, "¿Para qué sirve soñar?", en IntraMed, 13 de diciembre de 2020.

despertar. De lo contrario, el sueño se olvida y no es posible recuperarlo.

A la hora de solucionar un problema mientras estamos despiertos, la conciencia nos permite planificar e imaginar una solución válida. Sin embargo, durante el sueño, esa solución válida no aparece, sino que únicamente nos permite explorar posibles salidas para nuestro problema.

Los autores del anterior artículo "¿Para qué sirve soñar?" afirman que "soñar toma lo que ha sido y nos muestra lo que podría ser". Ese "podría ser" es un camino hacia la solución, aunque el camino que el sueño nos muestre esté plagado de ansiedad.

La incertidumbre

Una de las mayores causas de ansiedad y de otros muchos males es la incertidumbre, precisamente porque nuestro cerebro, que es una máquina maravillosa y repleta de recursos y mecanismos, no está preparado para la incertidumbre, sino para la seguridad y la certeza.

Por eso, cuando nuestro cerebro detecta que algo que nos atañe es incierto, no lo tramita de forma adecuada, sino que inventa una seguridad que no existe pero que él considera que es lo mejor para nuestra supervivencia y para la evolución de nuestra especie.

Y eso nos puede costar caro, porque, en primer lugar, la certeza que nuestra mente elabora puede ser dolorosa y, en segundo lugar, la diferencia entre la certeza que nuestro cerebro elabora y la realidad puede producirnos una frustración. En ambos casos, la temida ansiedad se puede hacer presente.

Son numerosísimos los ejemplos que se podrían mencionar para ilustrar este asunto. Probablemente, el más conocido sea el de las falsas expectativas que casi todos nos creamos acerca de un suceso que va a tener lugar, pero cuyo final desconocemos. Una enfermedad, un puesto de trabajo, un examen, un crédito, un negocio, un amor, un litigio, una amistad, son situaciones futuras que podemos mirar con esperanza o con desesperanza, porque desconocemos cómo va a ser ese futuro. Y, entonces, nos lo inventamos o, más exactamente, nuestro cerebro lo inventa.

Podemos crear grandes expectativas acerca de recuperar la salud, de obtener el trabajo, de aprobar el examen, de conseguir el crédito, de tener éxito en el negocio, de que esa persona nos ame, de que el juez nos dé la razón o de que ese nuevo amigo sea un dechado de virtudes. Pero la realidad vendrá a imponerse y a desbaratar nuestras grandes esperanzas, llenándonos de frustración y, con ella, de ansiedad.

También podemos anticipar grandes frustraciones acerca de que la enfermedad se alargue, de que el trabajo se lo den al primo del director, de que el examen resulte imposible, de que nos nieguen el crédito, de que el negocio se vaya al traste, de que la persona amada nos dé calabazas, de que el juez nos haga pagar hasta las costas o de que el nuevo amigo sea un espejismo. Y, en tal caso, sea cual sea la realidad que el futuro nos depare, nadie nos va a librar de la ansiedad que vamos a sufrir al menos durante el tiempo que transcurra hasta que el asunto se haga presente, para bien o para mal.

Somos monotarea

Por mucho que oigamos decir que, a diferencia de los hombres, las mujeres tenemos capacidad para realizar dos tareas a la vez, no es cierto. Por mucho que oigamos que algunas personas tenemos la capacidad de actuar en modo multitarea, no es verdad. Eso solamente lo hacen los ordenadores y es porque los ordenadores, como todas las máquinas, no prestan atención voluntaria ni involuntaria a lo que hacen, sino que realizan sus tareas de forma automática.

Además, los ordenadores y los robots (incluyendo la inteligencia artificial y sus magníficos resultados) se distinguen de los seres vivos en que ni se preocupan de su subsistencia ni luchan por su integridad ni están dotados de mecanismos para perpetuar su especie.

Pero nosotros, los humanos, necesitamos prestar atención voluntaria a lo que hacemos, a menos que se trate de una tarea automática que podemos compartir con otra. Por ejemplo, podemos conducir el coche pensando en las musarañas, porque hemos creado un sinfín de reflejos condicionados para automatizar la conducción y, no necesitamos, al menos en apariencia, prestarle atención.

Esto funciona adecuadamente hasta que se nos cruza un elemento insospechado o tenemos una avería súbita o se presenta un suceso con el que nuestros mecanismos de automatización de tareas no contaban. Y entonces solamente nos salvamos si nuestra atención involuntaria funciona a tiempo.

Podemos realizar tareas domésticas sin prestarles atención y compaginarlas con una conversación telefónica o con un programa de radio, porque las tareas domésticas también están automatizadas y nuestros tecnemas (nuestros mecanismos de automatización de tareas) se ocupan de poner en marcha el robot, de colgar la ropa, de manejar la plancha o de activar la vitro.

Esto también funciona correctamente hasta que aparece un elemento no comprendido en el proceso de automatización. Una cucaracha en el pasillo que no puede capturar el robot, un programa inadecuado en un electrodoméstico, un despiste humano o un fallo impensado en un aparato.

Entre las recomendaciones para evitar el estrés, hemos señalado que no podemos realizar dos tareas importantes a la vez, porque ambas requieren atención y es que nuestra atención voluntaria, la que centramos voluntariamente sobre un asunto, no tiene más que un foco. Como mucho, ese foco de la atención puede volar de un asunto a otro, pero siempre en detrimento de la calidad y perfección de nuestra tarea.

Por ejemplo, ver el telediario y hablar con alguien supone retirar el foco de la atención de uno de los dos objetos para pasarlo al otro y, al instante, retirarlo del segundo para devolverlo al primero. Y las palabras del interlocutor o las imágenes del telediario que han quedado fuera del foco de nuestra atención desaparecen porque no hemos llegado a oírlas ni a verlas.

Además, una de las condiciones imprescindibles para memorizar un asunto es prestarle atención, porque si la atención no es continua, nuestro cerebro no almacena el recuerdo real, sino fragmentos que luego reúne como cree conveniente y convierte un hecho vivido en un recuerdo falso que nos puede acarrear problemas en alguna ocasión. Y conviene saber que la principal causa de los recuerdos falsos es la falta de atención voluntaria.

Sin embargo, la vida actual exige que nos comportemos como un equipo informático y que realicemos actividades multitarea, como responder a un mensaje del móvil, conducir, hablar con alguien, pagar en la caja de la tienda, atender al niño, sacar dinero del cajero o buscar una calle en Internet. Todas o, cuando menos, unas cuantas actividades al mismo tiempo.

Y, si la actividad monotarea ya nos llena de ansiedad porque no llegamos a tiempo o porque no somos capaces de realizarla correctamente, la actividad multitarea nos inunda de ansiedad porque no damos abasto con todo lo que nos demanda esta vida alocada que llevamos.

Los recuerdos engañosos

Las ilusiones de la memoria son recuerdos falsos en los que ha intervenido una atención inadecuada como la que hemos mencionado o, en otros casos, una emoción que ha convertido la situación objetiva en subjetiva, deformando la realidad.

Los recuerdos falsos o desvirtuados pueden causar efectos terribles cuando afectan a un asunto importante, por ejemplo, prestar testimonio en un juicio o declarar un hecho que interese a un amigo, a un familiar o a cualquier otra persona.

Porque esos recuerdos engañosos se nos

presentan siempre como auténticos, ya que no somos conscientes del proceso que ha llevado a cabo nuestro cerebro para elaborarlos a base de mezclar fragmentos de situaciones vividas, oídas, vistas o imaginadas. Y eso incluye fragmentos de recuerdos que ni siquiera son nuestros, sino captados en situaciones que hemos presenciado en la calle, en un grupo o en una red social, situaciones de las que ni siquiera hemos participado más que como espectadores.

Sin quererlo y sin siquiera apercibirnos de ello, podemos causar un gran daño a otra u otras personas. En realidad, no seríamos culpables pero el día que llegáramos a comprender nuestro error, nos sentiríamos miserables.

La verdad

Nuestro cerebro tampoco está preparado para la verdad, porque, al igual que la certeza, la verdad es algo ajeno a nosotros y que, por tanto, no podemos controlar. La verdad existe o no existe, porque todo depende de quien la interprete. Ya sabemos que la verdad es blanca, negra o gris, según cada uno y eso se debe, precisamente, a la incapacidad de nuestro cerebro para buscarla.

Pero para nuestro cerebro, todo es blanco o negro y, en lugar de buscar la verdad, se dedica a buscar argumentos para confirmar "nuestra verdad" o, lo que es lo mismo, nuestras creencias. Por eso, muchas veces aceptamos "verdades" sin someterlas a juicio ni a análisis lógico. Con frecuencia, son "verdades" que vienen a confirmar lo que ya creíamos o suponíamos o nos gusta o coincide con nuestros intereses. Y no nos planteamos porqué ni cómo.

Sin embargo, dado que no son verdades que se ajusten al principio de la realidad, alguna vez llega la decepción, la amargura y, con ellas, la ansiedad o el sentimiento de culpa.

CAPÍTULO IV

La ansiedad y sus disfraces

La ansiedad puede también disfrazarse para engañarnos y hacernos creer que no existe, que la hemos eliminado de nuestra esfera biológica y psicológica y que no va a hacernos sufrir.

La ansiedad se disfraza porque, aunque la naturaleza nos la ha dado como mecanismo de defensa para advertirnos de la presencia de un proceso dañino que flota en torno a nuestra mente, esta también aprende a defenderse de la ansiedad cuando excede los límites tolerables, por más que el hecho de defenderse de ella nos prive de analizarla y enfrentarla y, a veces, se manifieste de forma excesivamente perjudicial para quien sufre los síntomas o para las personas que le rodean; es decir, el disfraz de la ansiedad puede llegar a convertirse en un trastorno psicológico.

Anna Freud[25] llamó psicodinamismos o mecanismos inconscientes de defensa a los disfraces que casi todos aprendemos a ponerle a la ansiedad para que no nos perturbe. Son dispo-

---

[25] Freud, Anna, *El yo y los mecanismos de defensa*, Ediciones Paidós, Madrid, 1976.

sitivos psicológicos que nuestra mente elabora según sus necesidades y según sus recursos, es decir, son dispositivos psicológicos diferentes según la personalidad de cada uno. Y no hay que olvidar, que no son conscientes ni voluntarios.

Cada personalidad, por tanto, es proclive al empleo de diferentes mecanismos de defensa. Hay que tener en cuenta que dichos mecanismos no son patológicos en principio, sino normales, y que todos, en mayor o menor medida, utilizamos alguno o varios de ellos, aunque, como hemos dicho, puede llegar un momento en que el mecanismo de defensa se llegue a convertir en un trastorno psicológico que sea necesario tratar.

Veamos a continuación algunos de los mecanismos inconscientes de defensa descritos por Anna Freud.

Conversión

Los síntomas físicos que no tienen una base fisiológica se llaman síntomas médicamente inexplicables o falsos síntomas y son la expresión corporal de un trastorno psicológico generador de ansiedad, pero no muestran indicios orgánicos que los expliquen.

En su libro *Una mente con mucho cuerpo* anteriormente citado, la neurocientífica clínica Rosa Molina escribe que todas nuestras emociones se perciben siempre en el cuerpo y menciona sensaciones reales como "un nudo en la garganta o mariposas que revolotean en el estómago". En numerosas ocasiones, el sufrimiento psicológico, la ansiedad, solamente se libera a través del cuerpo, mediante sensaciones físicas. Esta es una explicación clara del mecanismo que llamamos somatización o conversión, que convierte el dolor psíquico en dolor físico.

El mecanismo de conversión permite eliminar la ansiedad de la esfera psicológica en situaciones críticas de mucho dolor o angustia intensa, para expresarla en forma de síntomas corporales, con frecuencia, a través de la piel como granos, eccemas, picores, caída del cabello, etc.

Conviene saber que la piel y el sistema nervioso se generan en el embrión a partir del mismo tejido, durante la gestación, y mantienen una relación estrecha a lo largo de la vida. De ahí que sea habitual convertir la ansiedad en síntomas de la piel. Sin embargo, el mecanismo de conversión recurre a cualquier otro órgano para manifestar la ansiedad oculta y, casi siempre, elige el órgano más débil. De ahí que también pueda manifestarse en forma de gastritis o dar lugar a cólicos nefríticos producidos por acumulación de gases que se ingieren en los estados de ansiedad.

Y no hay que olvidar que los mecanismos de defensa que convierten la ansiedad en cualquier otra cosa, como los síntomas físicos que acabamos de ver, son inconscientes, es decir, se generan en zonas cerebrales fuera del área de la conciencia, por lo que nuestra voluntad no interviene en absoluto en su gestación.

La conversión, por tanto, es un disfraz de la ansiedad que se oculta y nos hace creer que se ha ido, pero que, algunas veces, se manifiesta de una manera que es preciso tratar médica, psiquiátrica o psicológicamente, tal es el daño que provoca, como son los citados cólicos nefríticos, las gastritis, los eccemas, las contracturas graves o incluso algunos síntomas cardíacos y, en ciertos casos, sintomatología similar a la epiléptica.

Tampoco faltan ocasiones en las que algunos síntomas somáticos tan graves como la gastritis o los cólicos nefríticos sin causa orgánica desaparecen al cabo de algún tiempo de haber eliminado la causa, por ejemplo, cambiando de trabajo, cambiando de modo de vida, de amistades e incluso de pareja. Eso confirma que la ansiedad era generada por el trabajo, por la forma de vida o por las relaciones con tales amistades o con la pareja.

Desplazamiento

El desplazamiento es un mecanismo que todos hemos utilizado alguna vez desplazando un sentimiento poderoso sobre un objeto neutro, por ejemplo, dar un golpe sobre la mesa por no dárselo a una persona, transfiriendo la ira para que el efecto de la descarga resulte inocuo.

Es un mecanismo que puede ser positivo, pues más vale romper un objeto que agredir a una persona, aunque el hecho de romper un objeto neutro en un acceso de ira, como un mueble o un jarrón, es un síntoma de violencia desplazada que puede llegar a descontrolarse.

El desplazamiento es el mecanismo que se emplea en las fobias, al desplazar el pánico que produce una persona o situación, como un castigo, un ataque o una acción violenta, sobre un objeto o situación objetivamente inocuos como una serpiente o una muchedumbre.

En los niños maltratados, los terrores infantiles al castigo se desplazan a veces sobre cualquier objeto inocuo que se convierte en amenazador. De esta forma, la ansiedad que supone temer al maltratador, que bien puede ser el padre o la madre, se desplaza al objeto, de manera que la ansiedad que el niño siente ante dicho objeto no resulta tan terrorífica como la que provoca la figura materna o paterna, cuando son generadores de maltrato. Hemos mencionado este proceso al hablar de las fobias.

El terror del niño ante una figura parental perversa se expresa claramente en el cuento de Caperucita Roja, cuando va a casa de su abuela y, en lugar de encontrar una figura maternal y protectora, tropieza con la figura terrorífica del lobo.

Ese objeto sobre el que el niño descarga su ansiedad y carga su temor puede ser un juguete, como un muñeco roto, un cuchillo o un animal, como un perro o una rata. Al convertirlos en objetos fóbicos, el temor se transmite a todos los muñecos rotos, a todos los cuchillos, a todos los perros o a todas las ratas. Siempre es más fácil librarse de la imagen de un muñeco, de un cuchillo, de un perro o de una rata que de la imagen de un padre o de una madre maltratadores.

Al cabo del tiempo, el objeto fóbico se puede ir desplazando a otro u otros objetos. Por ejemplo, en lugar de sentir pánico ante un muñeco roto o ante un perro, se puede sentir ese terror ante una araña o ante una situación social, convirtiéndose la fobia al objeto en fobia social.

Recordemos que todas las fobias tienen tratamiento psicológico o psiquiátrico, puesto que lo primero que se trata es la ansiedad, la verdadera generadora del malestar desplazado en la fobia.

Formación reactiva

Consiste en adquirir, inconscientemente, actitudes conscientes totalmente opuestas a ciertos deseos o sentimientos que se reprimen, porque el mero hecho de aceptar esos deseos o sentimientos genera una ansiedad insoportable.

Un ejemplo de este mecanismo es el de la persona que siente una gran aversión hacia otra u otras personas o que siente odio o envidia insana hacia alguien y que el mero hecho de concienciar esos sentimientos le produce una ansiedad intolerable.

Hay que tener en cuenta que los sentimientos son emociones concienciadas pero que siempre son involuntarios, porque se generan en lugares cerebrales que escapan al control lógico de la mente. Esos sentimientos dan lugar a pensamientos que tampoco es posible controlar porque pueden llegar a hacerse obsesivos y generan una gran ansiedad a la persona que no es capaz de librarse de ellos.

No somos responsables ni culpables de sentir odio, envidia, aversión o antipatía hacia otra persona. De lo que sí somos responsables y podemos ser culpables es de las acciones a las que tales sentimientos nos muevan, porque las acciones se someten al intelecto, es decir, al control lógico de la mente.

Para eludirlos, la persona puede disfrazar los sentimientos prohibidos con acciones contrarias a las acciones que sus sentimientos le provocan y, en lugar de exteriorizar aversión, odio o envidia, exterioriza simpatía, amistad o admiración que, de alguna manera, se perciben desde fuera como exagerados o incluso teatrales.

Socialmente, la formación reactiva se parece a la hipocresía en que la persona muestra una cara distinta a la que realmente oculta. Pero, a diferencia de la hipocresía, en la formación reactiva, la cara oculta no es consciente y la cara que se muestra no es voluntaria.

Algunas personas suprimen sus sentimientos de hostilidad y se vuelven excesivamente amables y solícitas, pero no hay más que enfrentarse a ellas con cierta dureza para ver trocar su gesto amable en todo lo contrario. Esa agresividad reprimida aparece a veces en explosiones de ira fuera de lugar y de tiempo o en forma de críticas airadas contra personas ausentes.

La mayoría de los fanáticos que emprenden cruzadas contra un vicio o contra una característica humana, luchan en realidad contra una tendencia que puja en su interior. El ejemplo más habitual es el del exfumador que se dedica a protestar cuando alguien fuma y que, si le fuera posible, multaría a los fumadores o les negaría el pan y la sal. Es obvio que le ofende el placer que otros muestran ostentosamente y que él ha perdido al dejar de fumar y que, además, involuntariamente, continúa añorando.

Negación

Consiste en negar la realidad de un acontecimiento doloroso cuya existencia, cuya amenaza o, simplemente, la mera idea de que pueda suceder genera gran ansiedad.

Algunas veces, la situación real existe y se percibe como algo real, pero negando los elementos peyorativos o dolorosos. Un caso común es el del enfermo que se niega a reconocer la enfermedad que padece y, por tanto, no admite los medicamentos prescritos o, bien, admite su enfermedad pero niega la gravedad que entraña y la toma como un simple síntoma.

El mecanismo de negación es algo que, de alguna manera, está presente en la mayoría de nosotros. Si sabemos de una desgracia, una enfermedad, un accidente, un atraco, un mal que ha sucedido a un conocido, muchas veces reaccionamos confirmando la seguridad de que "eso a mí no me pasa". Nos parece imposible ser víctimas de determinadas situaciones y, si desgraciadamente suceden, nos parece estar soñando, "esto no puede pasarme a mí".

Enfrentarse a la muerte cierta es la situación que mayor angustia genera, por eso, casi nunca es posible tomar conciencia de la propia muerte. El mecanismo de negación se encarga de anular esa posibilidad y de hacernos creer, de forma más o menos subliminal, que tal cosa no nos va a suceder, aunque sepamos de forma intelectual que es un hecho cierto y seguro.

Proyección

Este mecanismo consiste en imputar a otras personas los sentimientos o pensamientos que uno no se atreve a sentir o a pensar, puesto que le generan culpabilidad y ansiedad y, por tanto, tal mecanismo le permite descargar la culpa en los demás.

Muchos casos de celos se deben al mecanismo de proyección, en que la persona celosa reprime la tentación de engañar a la otra y la acusa precisamente de querer engañarla. Así elimina su culpabilidad por querer engañar a su pareja y descarga en ella su ira. Además, el hecho de culpar a la otra persona, también contribuye a proteger su autoestima.

Llevado al extremo, el mecanismo de proyección se convierte en paranoidismo, con ideas de referencia, cuando quien lo padece cree ver ataques y complots perpetrados contra él por sus enemigos.

Un ejemplo frecuente es el rechazo extremo que algunas personas sienten hacia los homosexuales sin que haya habido experiencia ni contacto alguno con personas de esa condición. Ese rechazo desmesurado que conduce a luchar, atacar y rebatir arduamente la homosexualidad encubre con frecuencia una tendencia homosexual larvada que la persona no es capaz de permitirse aceptar porque le provoca una ansiedad insuperable. Y la sola idea de entrar en contacto con la homosexualidad, aunque sea intelectual, se siente como una amenaza para esa tendencia reprimida y oculta que le aterra y le provoca.

Este temor se percibe a veces en la forma en que los perseguidores tratan de culpar a los perseguidos de su propio malestar, acusándolos de hacer proselitismo, de intentar agredirles o de cualquier acción perversa. Esta es la única forma que este tipo de personas tiene para librarse de la ansiedad que le genera esa tendencia suya reprimida con mano de hierro, proyectando sobre los homosexuales la posibilidad de un ataque, de un intento de acercamiento, de una tentación. Y eso le lleva a hacer lo posible por anularlos, por apartarlos o por destruirlos.

Racionalización

Consiste en someter al intelecto cualquier sentimiento o conducta que pueda producir angustia y buscar argumentos y razones para explicarlo intelectualmente y eludir una realidad intolerable. El objetivo de este mecanismo de defensa es aumentar la autoestima, no reconociendo las propias debilidades y carencias. En cuanto a los argumentos y razones que justifican la conducta, con frecuencia encubren las razones verdaderas.

Es un mecanismo de defensa que utilizan

con mucha frecuencia los alcohólicos, para justificar que beben por gusto y no por necesidad y que pueden dejar de beber en cuanto se lo propongan. Y no sólo los bebedores, sino las personas que inician una adicción cualquiera suelen racionalizar su necesidad de la sustancia o la actividad, elaborando mil argumentos de que lo van a dejar en el primer momento en que empiecen a notar algo extraño.

Represión

Consiste en alejar de la esfera consciente un pensamiento, sentimiento o recuerdo que causa culpabilidad, vergüenza o dolor.

Conviene diferenciar este mecanismo del olvido. El olvido consiste en eliminar de la conciencia una imagen, idea, situación, etc. que puede ser dolorosa o no serlo. Lo olvidado queda almacenado en la memoria "debajo" de una pila de recuerdos más recientes o impactantes y puede salir a la superficie mediante un esfuerzo o ante un indicio. Sin embargo, lo reprimido queda apartado de la conciencia, rodeado por una o varias murallas de resistencias que impiden su salida al exterior. Para hacerlo emerger, hay que recurrir a técnicas que vayan derribando una a una las murallas defensivas, lo que la escuela psicoanalítica llama "pelar la cebolla".

Lo olvidado no duele, no produce síntomas

y no pugna por aflorar. Lo reprimido aparece de forma distorsionada o simbólica en los sueños, produce sensaciones dolorosas cuyo origen se desconoce y trata de aflorar a la conciencia. Lo olvidado puede reaparecer mediante el trance hipnótico, mientras que lo profundamente reprimido, no. Y lo profundamente reprimido es lo que produce mayor culpabilidad, angustia o vergüenza.

CAPÍTULO V

Nuestro mejor amigo

A la hora de encontrar soluciones para los malestares que nos acucian en cualquier lugar y en cualquier momento, lo más eficaz es siempre buscar ayuda profesional. Hemos mencionado al médico de Atención Primaria como punto de partida para que nos atienda o nos derive al especialista adecuado.

Hemos mencionado al psicólogo especializado en nuestro caso, que nos puede recomendar nuestro médico o el Colegio de Psicólogos de nuestra localidad.

Pero hay alguien que realmente puede ayudarnos a sobrellevar y a solucionar nuestras angustias y nuestros malestares. Alguien que siempre nos acompaña y que puede convertir los momentos de ansiedad en momentos de compasión, de apego, de alivio, de consuelo. Alguien de quien nunca debemos ni podemos prescindir. Nuestro mejor amigo, nosotros mismos, nuestra propia persona, nuestra propia mente, nuestro propio cuerpo.

Es un amigo solidario y comprensivo que nos ofrece comprensión y algo que siempre se ha tomado como debilidad: compasión. La autocompasión, tan denostada y tan interpretada como debilidad, es un mecanismo eficaz para conseguir un objetivo complejo, salir de una dificultad económica, social, emotiva o de cualquier otra índole. La autocompasión es mucho más eficaz que la autoestima, porque la autoestima a veces se mezcla con el orgullo y la dignidad, y la persona que sufre no se permite aceptar que lo que realmente necesita es afecto, compasión o perdón.

La autocompasión nos da permiso para aceptar que somos débiles, que nos equivocamos, que necesitamos ayuda, que no somos autosuficientes, que caemos una y otra vez en el mismo fallo, que somos incapaces de decir que no, que no nos perdonamos los errores.

La autocompasión puede incluso librarnos de esa autocrítica intransigente que a veces nos oprime como un verdugo porque previamente nos ha sentenciado a conseguir la perfección. Y no todos estamos preparados para conseguirla, dado que nadie la alcanza.

Kristin Neff, que es profesora de psicología educativa en la Universidad de Texas, aboga por ese sentimiento de autocompasión, de autocomprensión y de autoayuda, porque está convencida de que vivimos con alguien de quien nunca nos vamos a librar, que nos va a acompañar a lo largo de la vida, en las vicisitudes y en la felicidad, en la enfermedad y en la salud, y que es mucho más que ese compañero elegido y amado que es el cónyuge: nosotros mismos.

Si nos queremos, nos comprendemos y nos aceptamos, seremos el mejor amigo que se puede tener y, para llegar a ello, la mejor herramienta es precisamente la autocompasión, que nos hará aprender a ser un amigo cálido y comprensivo para con nosotros mismos[26].

La solidaridad

Afortunadamente para quien sufre algún trastorno, casi siempre existen asociaciones de personas que padecen el mismo problema y que se han unido, incluso legalmente, para formar una plataforma solidaria con y para quienes soportan un desorden físico o mental sin apenas esperanza de mejora o curación.

La Asociación nacional de afectados por trastornos de ansiedad, AMTAES, es una asociación sin ánimo de lucro, cuyos objetivos son promover la interacción entre personas afectadas por algún trastorno derivado de la ansiedad y construir una plataforma para plantear la necesidad de establecer medidas de prevención para tales desórdenes.

Su base, lo más importante, es la ayuda mutua. Su metodología son las reuniones y los en-

26 "Cómo la autocompasión y no la autoestima es la clave del éxito", en Psiquiatria.com, 1 de marzo de 2021, http://psiqu.com/2-63833

cuentros presenciales o virtuales. Su actividad son campañas de sensibilización y convenios con instituciones que se ocupen de estos trastornos.

Se puede contactar por correo electrónico en amtaesasociacion@gmail.com o en su página de Facebook www.facebook.com/amtaes.

Para obtener información inmediata, ofrecen su página web amtaes.org o su blog amtaes.org/blog

O nuestro peor enemigo

Ese amigo cálido y comprensivo que nos acompaña también puede ser nuestro peor enemigo, porque si, en lugar de perdón y de compasión hacia nosotros mismos y hacia nuestras debilidades, nos señala como merecedores de castigo y nos recrimina esas debilidades que se niega a comprender, se puede convertir en un verdugo del que no podemos desprendernos ni separarnos, al que no podemos acallar porque duerme y convive con nosotros día y noche.

Es el enemigo que nos reprocha no haber cumplido una obligación, habernos dejado llevar por la indolencia, haber caído en una tentación, haber transgredido la norma social, haber faltado a una promesa o haber cometido errores y fallos que no hemos sido capaces de evitar. Es, por tanto, el juez inapelable que nos recrimina nuestros errores y que nos recuerda incesantemente que merecemos un castigo porque somos culpables.

Hemos hablado de la culpa y hemos visto algunas recomendaciones para sobrellevarla, entre las que figura conseguir el perdón de la persona perjudicada.

Pero cuando la culpa no obedece a causas lógicas ni reales, sino que surge de emociones no concienciadas y de las que, objetivamente, no tenemos culpa ni responsabilidad alguna, no es posible pedir perdón porque no hay víctima y no es posible arrepentirse porque no ha habido daño ni intención.

Entonces, no hay perdón a solicitar ni daño a restituir. Sin embargo, la culpa no remite, porque está dentro de nuestra mente remachando día y noche algo en lo que ni siquiera hemos participado.

Ese sentimiento de culpa no nos muestra a la víctima ni nos muestra el perjuicio que le acarreamos. Nos muestra la situación dolorosa por la que atraviesa una persona, incluso su muerte, y nos recrimina el no haber estado allí para socorrerla, para ayudarla o para evitarle ese sufrimiento.

Un absurdo, porque ni podíamos ni sabíamos ni conocíamos ni entendíamos lo que le sucedía a esa persona a la que ni siquiera hemos deseado daño alguno o que incluso amamos.

Es el enemigo. Nuestro propio cerebro, que debería de ser nuestro mejor amigo, se ha convertido en enemigo y no cesa de recordarnos que si hubiéramos estado allí, esa persona no habría padecido, no habría muerto o no habría sufrido una pérdida dolorosa.

Y, por más vueltas que le demos al asunto, la culpa continúa amargándonos la vida con su martilleo incesante, presentándonos una fantasía en la que nos encontrábamos oportunamente cerca de la persona sufriente y le solucionábamos el asunto con nuestra presencia y nuestra voluntad.

Es un pensamiento mágico que nuestro cerebro nos presenta para tratar de eludir la enorme carga de ansiedad que nos produce el no haber estado junto al sufriente para evitarle su sufrimiento. Y puede tratarse de una persona, de un animal o de un objeto. Una casa que se quemó, un objeto que se rompió, un animal que murió, una persona que enfermó...

Un sentimiento de culpa que ha entrado subrepticiamente en nuestra mente a causa de algún suceso del que ni siquiera nos acordamos.

Recurramos a perdonarnos aunque no seamos culpables, a contrarrestar la recriminación de nuestro cerebro enemigo con un grito de desculpabilización de nuestro cerebro amigo. Recurramos a autocompadecernos, porque somos víctima y no verdugo. Recurramos al análisis para tratar de averiguar en qué momento, en qué circunstancia o qué persona nos convenció de que deseábamos el mal, de que envidiábamos o de que sentíamos rencor hacia esa persona. O en qué momento y qué persona nos hizo creer que tal asunto era nuestra responsabilidad y que, por tanto, somos culpables.

Los anticuerpos psicológicos

Los trastornos psicológicos, igual que las enfermedades fisiológicas, proceden tanto de nuestro interior como de nuestro entorno y se generan según la forma en que ambos interactúan.

Un virus, por ejemplo, procede de nuestro entorno y, cuando alcanza nuestro organismo, interactúa con él, con sus defensas, con sus características específicas y con sus patologías previas. En la lucha que se entabla puede vencer el virus o puede vencer nuestro sistema inmune.

En cuanto a las causas de perturbaciones psicológicas, proceden asimismo de nuestro entorno y, cuando alcanzan nuestra mente, interactúan con ella, con nuestras defensas, con las características de nuestra personalidad y con nuestras patologías previas.

De los síntomas somáticos nos defiende nuestro sistema inmune, que crea anticuerpos cuando detecta sustancias perjudiciales para nuestra integridad fisiológica. De los síntomas psicológicos nos defienden los mecanismos de nuestra personalidad que crean recursos y barreras cuando detectan un ataque a nuestra integridad psíquica, como todos esos mecanismos de defensa a los que hemos llamado disfraces de la ansiedad.

Pero hay otros mecanismos de defensa que se aprenden y que resultan sumamente eficaces. Uno de ellos es la inteligencia emocional, que es la capacidad para optimizar los recursos de la personalidad, controlar las facetas negativas, conocer y manejar las emociones y evitar las reacciones inadecuadas.

La inteligencia emocional se desarrolla a través del autoanálisis, del conocimiento y de la comprensión de las emociones propias y ajenas.

Otro de los mecanismos que pueden aprenderse es la resiliencia, la capacidad para hacer frente de forma efectiva a las situaciones adversas. Incluye la capacidad para proteger la propia integridad frente a situaciones de presión y estrés, y la capacidad de construir un modo de comportamiento positivo y eficaz, pese a las circunstancias difíciles que presenta la vida.

Pero el desarrollo de estos recursos requiere tiempo, dedicación y constancia y no se aprende leyendo un libro, sino que precisa ayuda profesional. Como todas las cosas importantes.

La genética

El genoma de cada uno de nosotros es único y exclusivo y es nuestra identidad genética, nuestro ADN, una larga secuencia de sustancias químicas que traen escrito y codificado cómo somos y cómo seremos. Y no es posible modificarlo, aunque sí es posible conocerlo, algo que nos interesa mucho, porque en uno o varios de esos códigos puede aparecer información genética que nos predisponga a la preocupación, a la culpabilidad, al estrés, es decir, a padecer ansiedad con todo su cortejo de malestares.

El proceso de desactivar un gen se llama metilación del ADN y depende de factores que incluyen lo que comemos, la forma en que vivimos, el tipo de estrés que soportamos e incluso la manera en que pensamos. No es siempre factible llevar a cabo este procedimiento, porque no hay un solo gen que genere un trastorno o desorden, sino varios y, también, porque la capacidad para activar y desactivar genes disminuye con la edad.

Si nuestro ADN contiene información que nos predisponga a la ansiedad o a otro malestar, podemos tomar medidas para controlar sus efectos, pero no podemos eliminarlo. Lo que sí podremos es activar o desactivar algunos de los genes que marcan esa predisposición, a base de aprendizaje y actividad, reglamentada médicamente[27], porque el hecho de contar con predisposición genética a padecer algún trastorno no supone en absoluto que tal trastorno se exprese, ya que no somos esclavos de nuestra genética, sino que los factores ambientales y, como hemos dicho, nuestra propia educación así como nuestra actividad física y mental, pueden determinar su activación o su desactivación[28].

La charla interna

La sugestión tiene efectos contundentes sobre numerosos pensamientos, sentimientos y actos. La capacidad de autosugestión no es igual para todas las personas, pero lo que sí es cierto es que la sugestión es capaz de modificar nuestra percepción. También es cierto que todos tendemos a percibir lo que queremos percibir.

El efecto beneficioso de la sugestión, a sabiendas de que es sugestión, se puede lograr por medio de lo que se llama la charla interna, que es esa conversación que mantenemos con nosotros mismos dentro de nuestra cabeza y, a veces, incluso fuera, porque muchos estamos acostumbrados a hablar con nosotros mismos en voz alta, alta y clara.

---

27 "Metilación: así se pueden desactivar los problemas genéticos", en www.osinsa.org/2022/06/03/metilacion-asi-se-pueden-desactivar-los-problemas-geneticos

28 Castillero Mimenza, Óscar, "Siete genes relacionados con la predisposición a los trastornos de ansiedad", en AMTAES, https://amtaes.org

No hablamos a solas, como interpretan los que no entienden. Ni hablamos solos. Hablamos con nosotros mismos, que somos ese amigo incomparable e insustituible con quien podemos comentar, manifestar, discutir, reconciliar, escuchar, desoír, comprender y perdonar si es preciso, pero, sobre todo, amar.

Ante un suceso o posibilidad de suceso, la charla interna inicia el motor que nos puede hacer asociar la situación prevista o entrevista con una desgracia o con un fracaso. En tales casos, puede ser de gran ayuda repetir en voz alta palabras que anulen y acaben para siempre con la asociación perversa y cambiarla por una asociación positiva.

Nadie ha dicho que sea fácil hacerlo, pero otra cosa es decirlo. Por ejemplo, en lugar de decir interiormente:

–No sé para qué me molesto, si me van a decir que no.

Nada nos cuesta probar a decir:

–El no ya lo tengo, pero para algo estoy yo aquí, para conseguir un sí.

La charla interna está presente en la mayoría de nuestras actitudes y procesos. Es la que modifica nuestra percepción de las cosas. Si vamos a solicitar un trabajo y nuestra charla interna es algo así:

–Cuando me vean llegar con este aplomo y presencia de ánimo, seguro que se empiezan a interesar.

Tenemos un alto porcentaje de posibilidades de lograrlo; mientras que, si nuestra charla interna es algo así:

–A ver si no tropiezo nada más llegar, no me vaya a pasar lo de siempre, que entro en el despacho dando un traspiés.

Desde luego que eliminamos de antemano cualquier probabilidad de éxito.

La charla interna modifica incluso nuestra percepción de otras personas. Cuando conocemos a alguien, nuestra charla interna puede ser:

–¡Vaya pedante! ¡Cualquiera lo aguanta! Seguro que en la intimidad resulta insoportable.

Ya le hemos hecho la cruz a esa persona y muchos méritos tendría que hacer para llegar a caernos bien. Pero si nuestra charla interna es:

–Parece un poco pedante, pero a lo mejor es

una autodefensa, porque lo mismo es tímido y los tímidos reaccionan de formas muy extrañas.

Es posible que nos acerquemos a esa persona con simpatía y que le ofrezcamos cordialidad, con lo que sin duda desmontaremos su defensa, si la tiene y, cuando menos, podremos llegar a entendernos.

La charla interna es, por tanto, un motor esencial para conducirnos hacia una u otra dirección. Y no cabe duda de que puede ahorrarnos la ansiedad y la agonía de prever una situación catastrófica que, en el noventa por ciento de los casos, no se va a producir.

Cuando el sentimiento de culpa nos acucia en forma de malestar incluso físico, la charla interna puede ser de utilidad si somos capaces de mirar hacia nuestro interior y preguntarnos:

–¿Qué quiero? ¿Qué necesito para librarme de esta tortura?

Quizá lo único que realmente necesitamos para librarnos del malestar sea hacer una llamada telefónica, una disculpa o un saludo.

Y cuando la culpa es mágica, inventada, basada en cosas inexistentes pero que duelen como si fuesen ciertas, podemos recurrir a la charla interna expresada en voz clara y alta:

–¡Yo no tengo la culpa!

El aquí y ahora

Los griegos desarrollaron dos conceptos del tiempo:

- *Chronos,* es el tiempo lineal, el que hemos dividido en horas, minutos, meses, etc., como una dimensión objetiva del tiempo.
- *Kairos,* es el tiempo especial propio de una circunstancia particular. Es una dimensión subjetiva del tiempo que para cada uno pasa más deprisa o más despacio según esa circunstancia.

Nuestro cuerpo tiene un ritmo natural a lo que llamamos biorritmos o ciclos circadianos (*circa die* porque duran casi un día), que nos avisa de cuándo hay que dormir, cuándo hay que despertar, cuándo hay que excretar residuos, cuándo hay que comer, cuándo dejar de comer, etc. Pero cuando nos hallamos inmersos en la enloquecida sucesión de acontecimientos del mundo moderno, medimos el tiempo de forma antinatural, nos empeñamos en vivir con un ritmo diferente al que nos marca la naturaleza y, además, lo conseguimos.

El problema es que no siempre lo conseguimos sin secuelas negativas. Muchas veces, lo pagamos con creces.

El tiempo, que podría ser nuestro amigo y

colega, que se refleja en esos ciclos circadianos que equilibran nuestro organismo con la naturaleza, se ha convertido en uno de nuestros mayores enemigos, porque nos hemos empeñado en medirlo a base de citas, programaciones y fechas que no reflejan en absoluto el tiempo biológico que la naturaleza nos ha regalado con sus días y sus noches, sus ciclos de sueño y vigilia, de hambre e ingesta, sus lunaciones, sus ciclos agrícolas, sus momentos de quietud y sus momentos de actividad.

Y es tal la avalancha de actividades que programamos, que a veces necesitamos veinticinco horas diarias para cumplir obligaciones y propósitos.

Ese ritmo desenfrenado de la vida nos impide vivir el aquí y ahora. No nos deja tiempo para nosotros y para nuestra intimidad. No nos permite quedarnos a solas con nosotros mismos para pensar en lo trascendente, como es lo que somos y lo que queremos ser. Y esos momentos de valor incalculable no tienen medida lógica, son *Kairos* y no debemos despreciar su importancia.

Vivir aquí y ahora significa pensar en el desayuno a la hora de desayunar, pensar en el trabajo a la hora de trabajar, pensar en los quehaceres personales al salir del trabajo, pensar en la comida a la hora de comer y acostarnos pensando en algo agradable y relajante que nos acompañe a un dormir sin prisas.

No vivir aquí y ahora es, con frecuencia, el origen de la ansiedad y del estrés que nos acompañan en la vida cotidiana. Nos levantamos pensando en que no nos va a dar tiempo a todo lo que tenemos que hacer, desayunamos a toda prisa pensando que perdemos el tren, el bus o la hora de entrada, corremos hacia el trabajo lamentando no tener tiempo para llegar a tiempo, nos enfrentamos a la labor diaria recordando todo lo que hemos olvidado hacer y lo que nos queda y así sucesivamente un día tras otro, encadenados a *Chronos* y sin prestar atención a *Kairos,* porque no tenemos tiempo para esas cosas.

Podemos relegar *Kairos* al fin de semana, pero cuando llega ese preciado tiempo, resulta que habíamos prometido a los niños ir a tal sitio o nos damos cuenta de que la nevera está vacía, de que el hogar necesita una mano o de que vienen a comer Fulano y Mengana. Lo posponemos, pues, a las vacaciones y de ahí, de año en año, va quedando para la jubilación.

Si es así, más vale aprovechar el tiempo libre de que disponemos para devolvernos a nosotros mismos todo lo que nos venimos negando a lo largo de nuestra vida. Porque *Chronos* siempre aprieta aunque sea el tiempo de *Kairos.*

Disfrutémoslo porque nunca es tarde para encontrarnos con nuestro yo, para plantearnos preguntas que nunca nos planteamos, para darnos respuestas que nunca nos atrevimos a darnos y para afrontar todo lo que nos debemos, todo lo que las limitaciones de la salud y de la edad nos permitan, que puede ser mucho.

Y, si disponemos de medios económicos, no olvidemos que el tiempo también se compra. Se compra tiempo consiguiendo una excedencia en el trabajo, si es que es posible; se compra tiempo renunciando a otras actividades que necesitan tiempo; se compra tiempo pagando a alguien que haga lo que nosotros debemos hacer y que devora nuestro tiempo de *Kairos.*

Escuchémonos

Escuchemos a nuestro cuerpo y escuchemos a nuestra mente porque, si queremos convertirlos en ese amigo fiel y comprensivo que tanto bien puede hacernos, es preciso aprender a escuchar lo que nos tienen que decir y no malbaratar sus prédicas con discursos intelectuales y lógicos que solo sirven para acallar la voz que nos interesa oír y que es la nuestra.

Si aprendemos a escuchar a nuestro cuerpo cuando nos sintamos mal o cuando precisamos algo, él nos lo dirá. Si nuestro organismo necesita agua, nos hará sentir sed. Si necesita proteínas, nos sugerirá una hamburguesa o un filete. Si necesita potasio, nos hará apetecer un plátano. Si necesita descanso, nos dará sueño.

De la misma manera, podemos aprender a escuchar a nuestro cerebro y averiguar qué necesita en tal o cuál momento. Si tiene ansiedad, nos sugerirá caminar, hacer ejercicio, lanzarnos al agua o hacer respiraciones de relajación. Si tiene sentimientos de culpa, nos sugerirá reparar el daño, pedir disculpas, hacer una llamada, ser amables con una persona o un animal, acariciar, abrazar. Si nuestro cerebro tiene esa forma de ansiedad que llamamos agobio, nos pedirá calma y reflexión si somos capaces de escuchar su queja y su demanda.

Es nuestro mejor amigo. No lo olvidemos.

Bibliografía

Bibliopsiquis, revista de psiquiatría/psicología *online*.

Eysenk, H. J., *Fundamentos biológicos de la personalidad*, Fontanella, Barcelona, 1970.

García Ortega, Verónica, *La autoestima*, *Monografías.com*, 2002, texto en línea.

Interpsiquis, revista de psiquiatría/psicología *online*.

IntraMed, revista de psiquiatría/psicología *online*.

Martos Rubio, Ana, *La trastienda de la mente*, Editorial Corona Borealis, Málaga, 2020.

Martos Rubio, Ana, *Así se nos complica la vida*, Editorial Corona Borealis, Málaga, 2022.

Morgado Bernal, Ignacio, *Deseo y placer: la ciencia de las motivaciones*, Ariel, Barcelona, 2019.

Poelmans, Steve, *Tiempo de calidad, tiempo de vida,* McGraw-Hill, Madrid, 2005.

Psicología Científica.com.

PsicologíaOnline.com

Psiquiatría.com.

Ruch, Floyd L., *Psicología y vida*, Editorial Trillas, México, 1973.

Smith, Manuel J., *Cuando digo no me siento culpable*, Editorial Grijalbo, Madrid, 1986.

Valdés, Manuel y Flores, Tomás de, *Psicobiología del estrés*, Editorial Martínez Roca, México, 1985.

Títulos en la colección
[Qué sabes de…]